I0489960

El Arte de ser Agente de Futbolistas

Claves para destacar en una profesión apasionante

Paúl Fraga

A mi padre.

A Emilie.

A mi madre donde quiera que esté

Tabla de Contenidos

I

PARTE I - ENTENDIENDO LA PROFESIÓN DE AGENTE DE FUTOLISTAS

1. INTRODUCCIÓN

No sé a ti, pero a mí, cada vez que busco bibliografía sobre representación de futbolistas, siempre me pasa lo mismo. Lo único que me encuentro es un montón de libros, bastante gorditos (todo sea dicho de paso), con el paso a paso de cómo ser agente de futbolistas. Nada más. Sólo eso. Parecen libros de texto. Son una sucesión de datos objetivos y normativa general que hay que saber y conocer pero que no van más allá de eso. Son grises, neutros, indefensos. No se mojan.

Es como el Derecho. Una cosa es aprenderse las leyes y otra muy distinta ejercer la abogacía. Como diría José Hermida, amigo y experto en comunicación, "son libros que te dan una lata de conservas pero que, sin embargo, no te dan el abrelatas para abrirla". Y por eso yo, con este libro, quiero ser tu abrelatas.

Es el libro que a mí me hubiera gustado leer cuando empecé en esta profesión. ¿No te gustaría que alguien además de decirte en QUÉ consiste la profesión te explicase CÓMO ejercerla? Si es así, éste es tu libro.

¿Puedes imaginarte cómo te sentirías si pudieses saber qué es lo que te vas a encontrar en esta actividad?, ¿si supieses cómo evitar errores? ¿Cómo te sentirías si descubrieras cuáles son las claves de la profesión y dispusieses de las herramientas adecuadas?

Las respuestas a tus preguntas las podrás encontrar a lo largo de las siguientes páginas. He tenido que sufrirlo en mi propia piel para poder ahora explicártelo. Te diré cómo sacar ventaja de cuestiones importantes y evitar errores que yo cometí y que no quiero que tú cometas. ¿Estás preparado? ¡Allá vamos!

Empezaré por decirte que me apasiona mi profesión. Me resulta absolutamente reconfortante. Si se te ha pasado por la cabeza la posibilidad de desempeñar esta profesión, te invito a que des, de verdad, un paso al frente, que seas valiente y te comprometas con tu deseo. Pero comprométete de verdad, porque de eso que se llama compromiso te va a hacer falta a raudales. Y eso se genera y se autoimpone, no se compra.

Todo el mundo habla de las bondades, del atractivo, del *sex-appeal* en definitiva, de ser agente de futbolistas. Y todo por el *glamour* que suscita. No voy a entrar en si lo tiene o no. Me es indiferente. Lo que sí que me ocupa, y quiero transmitirte, es que no es oro todo lo que reluce. Nada más lejos de la realidad. No quiero ser descorazonador. Me explicaré.

Ser agente de futbolistas se podría asemejar a un pato, sereno en la superficie, trabajo incansable debajo del agua.

Se trata de una actividad muy bonita, diferente, especial, *sui generis*, pero también hablamos de una actividad idealizada por unos, a la vez que vilipendiada por otros. ¿Quién no ha escuchado en alguna ocasión aquello de "los agentes son unos ladrones que solamente se interesan por lo suyo"? Yo lo he escuchado en multitud de ocasiones y seguro que tú también. Cierto es que hay de todo como en botica, pero ni más ni menos de lo que te puedes encontrar en cualquier otra profesión.

Ser agente es una vocación que tiene a la pasión como combustible. El camino es enrevesado, plagado de obstáculos y sinsabores (Yo los he tenido, y lo que te rondaré morena). Y ahí es donde debe hacer acto de presencia el compromiso. Sin él, olvídate, abandonarás. Lo he visto muchas veces. O peor aún, te "simplificarás" en el ejercicio de la profesión y serás víctima del cortoplacismo. Todo fruto de la impaciencia y la desesperación. Pero eso ya es harina de otro costal y ya lo abordaremos más adelante.

En este punto haré mía una expresión de Friedrich Nietzsche que dice que *"si tienes un porqué encontrarás el cómo"*. Muy cierto. Con un objetivo claro las oportunidades aparecen como por generación espontánea. Ahora bien, si lo que buscas es recoger el fruto sin pagar el precio caerás en el desánimo a la más mínima complejidad. Hay que disfrutar del camino. En mi caso, para aquellas cuestiones que me interesan, realmente pago el precio gustosamente. Aunque te reconozco que me costó su tiempo cogerle el gusto.

Cuando me propuse escribir este libro no quería ser pretencioso. En absoluto. Más bien buscaba dar una serie de pinceladas para que aquel que leyese este libro pudiese hacerse una composición de lugar de lo que es ser agente de futbolistas desde el punto de vista práctico. También para que personas como tú pudieseis ver más nítidamente en qué consiste, sus requisitos y peculiaridades, y lo que para mí es más importante, quería dar mi visión particular de lo que para mí es un buen agente. No es una verdad absoluta, obviamente, pero sí que es mi verdad, personal e intransferible. Si continúas hasta el final del libro ya tendrás oportunidad de saber si compartes mi visión o no.

A lo largo del libro haré un recorrido sobre las diversas cuestiones que debe abordar un agente, y la manera en la que, en mi opinión, debe hacerlo. Hablaremos de polivalencia, de especialización, de formación, de aplomo, de fortaleza mental, incluso de idiomas. Y por supuesto de gestión. En todas sus vertientes.

Sea lo que fuere, espero que las líneas que siguen te resulten interesantes y de provecho. A mí me llevó su tiempo darme cuenta de muchas cosas y quiero que tú saltes directamente a la vía rápida.

2. ¿QUÉ HACE UN AGENTE DE FUTBOLISTAS?

Muy a menudo me ocurre lo mismo. Cada vez que salgo a comer o a cenar con amigos, o incluso en comidas familiares, cada vez que me preguntan a qué me dedico y les contesto que soy agente de futbolistas lo primero que me dicen es: ¡Qué guay!, para después hacerme siempre la misma pregunta: Pero un representante de futbolistas, ¿qué hace? La pregunta del millón. Nunca lo he entendido. Dicen que les parece alucinante ser agente cuando ni tan siquiera tienen una idea de en qué consiste. Es la profesión ideal en fiestas y cumpleaños. Este episodio me ocurre de forma frecuente y no creo que sea el único al que le pasa.

Te diré que un agente de futbolistas ayuda a su cliente (futbolista o club) en todo lo que éste necesite o solicite cobrando una retribución por ello.

Ahora bien, te estarás preguntando en qué le ayuda y cómo cobra. En este punto habría que hacer una distinción entre lo oficial y lo oficioso.

Lo oficial establece que un agente se dedica a negociar contratos en nombre de un jugador cobrando un porcentaje del contrato bruto negociado. También es cierto que un agente de jugadores también puede trabajar para un club concreto sujeto a un mandato determinado. En este caso será el propio club el que determine la retribución a pagar por los servicios prestados.

Si tienes algún familiar lector habitual de prensa deportiva y no se queda satisfecho con la explicación oficial (casi nunca lo hacen) siempre le puedes decir que, respecto a lo oficioso, las variables son múltiples y variopintas, y dependen de cada caso (porcentaje en traspasos y contratos publicitarios, etc.). Igual así se queda satisfecho. Yo, de momento, no lo he logrado. Espero que tú tengas mejor suerte.

Sigamos. Generalmente el agente firma un contrato de representación, en exclusiva o no, con el jugador por una duración máxima de dos años (máximo oficial). Será el propio jugador el que deberá oficialmente retribuir directamente a su agente por el porcentaje acordado (generalmente un 10%). Insisto mucho en la palabra "oficial" porque, por ejemplo, para este caso en concreto, suele ser el club empleador el que paga directamente al agente. Al margen de otras cuestiones, esto se suele dar para no gravar al jugador, que al fin y a la postre es tu cliente, con cuestiones impositivas.

Esto es, imagina que tienes un acuerdo firmado con tu cliente por el que a cambio de tus servicios el jugador te retribuirá con el 10% del contrato bruto negociado. Si se cumpliese lo oficial, tú como agente deberías pasarle una factura a tu cliente por el importe que suponga el 10%, pero a ello habría que añadir el 21% de IVA. Por lo tanto, tu cliente como persona física que es y, a su vez, beneficiario último de los servicios prestados, debería cargar con el tipo impositivo sin posibilidad alguna de deducir dicho IVA. De esta forma, por tanto, el jugador paga bastante más que lo meramente acordado.

Es cierto también que generalmente, y a ciertos niveles, los futbolistas disponen de sus propias empresas para, entre otras cosas, gestionar sus derechos de imagen, con lo cual en estos casos en concreto no se daría lo que he mencionado. Sin embargo, quédate con lo explicado antes para simplificar las cosas.

De este modo, para no afectar negativamente a los intereses del jugador, el agente suele llegar a un acuerdo con el club empleador para que sea éste quien haga frente a la retribución del agente por expreso mandato del jugador. Así, el empleador considera la cuantía percibida por el agente como parte del total del monto salarial del jugador. Y sin que, de esta manera, afecten cuestiones impositivas como el IVA, ya que el club como sociedad puede deducir dicho IVA soportado.

Llegados aquí, voy a hacerte una distinción entre lo que es el agente de futbolistas al uso y lo que es comúnmente conocido como intermediario. Yo tengo una opinión al respecto. Es cierto, que los agentes de futbolistas trabajan frecuentemente como intermediarios, esto es, tirando de contactos y funcionando como enlace entre lo que podríamos llamar oferta y demanda.

Sin embargo, tal y como entiendo la profesión, no consideraría este desempeño como una cuestión que forme adecuadamente parte de la definición de agente. Digamos que **existen muchos agentes que también trabajan como intermediarios, pero no todos los intermediarios son agentes.** De hecho, cuando hablamos de esta profesión hablamos de una actividad donde merodean multitud de intrusos obnubilados por las grandes cifras que se manejan en el negocio. Espero que no seas tú uno de ellos.

Tampoco habría que simplificar la actividad del agente de jugadores como un mero "conseguidor" de equipos. Es evidente que se trata de una cuestión importante, sin embargo, a pesar de ser condición necesaria, no es condición suficiente. No querría simplificarlo de tal manera. Los que se centran exclusivamente en esto, desdeñando otras cuestiones, son frecuentemente aquellas personas deslumbradas por el beneficio rápido, lo comúnmente denominado "pelotazo". Es verdad que los hay, sin embargo, no son más que "ruido" dentro de esta profesión.

También es muy frecuente que se establezcan relaciones de colaboración entre los diferentes agentes en los que se llegan a acuerdos puntuales y organizados para maximizar las oportunidades de éxito, aglutinando las diferentes capacidades de cada uno de los agentes.

Existe otro punto al que hay que prestar especial atención. En el momento en el que escribo este libro, para ser agente es necesario aprobar un examen que realizan las diferentes asociaciones nacionales de fútbol. Oficialmente es requisito ineludible disponer de esta acreditación para desempeñar la labor.

Sin embargo, al margen de los agentes debidamente acreditados, también están capacitados para desarrollar legalmente esta actividad la familia directa, como padres y hermanos. Con todo, no se le pueden poner puertas al campo y no se puede obviar ni hacer caso omiso a las preferencias del que, al fin y al cabo, es la persona más importante: el futbolista.

Independientemente de las barreras que oficialmente se puedan poner para el desempeño de la actividad, entiendo que nada o poco se puede hacer si un futbolista decide depositar su confianza en alguien que carece de la acreditación requerida. Eso es así. Esta profesión se fundamenta en las relaciones de confianza. Todo lo demás es secundario. Incluso las formalidades.

Actualmente se está planteando la posibilidad de regularizar nuevamente esta actividad, dando otra vuelta de tuerca que puede provocar otra sacudida en la actividad a la que habrá que adecuarse y acostumbrarse. Veremos lo que ocurre.

3. PROFESIÓN VS DEVOCIÓN

El común de los mortales tiene absolutamente idealizada la profesión de agente de futbolistas. La gente acostumbra a ver únicamente el resultado final que obtienen algunos a través de los focos de los medios de comunicación. Grandes nombres, grandes traspasos, grandes cifras en definitiva (por eso es la profesión perfecta en fiestas, cumpleaños y comidas familiares). Y siendo eso así, no es lo frecuente. Hacer una valoración de esta profesión haciendo únicamente hincapié en el resultado final es, al margen de denotar una absoluta falta de conocimiento, como pensar que las manzanas rojas y apetecibles se hacen en serie, en líneas industriales.

Espero que éste no sea tu caso, pero si lo es siento desilusionarte porque si a algo se parece el ser agente es precisamente a su punto opuesto. Es lo más próximo a una labor artesanal que te puedas encontrar. **Hay que sembrar, regar y dejar crecer**. Lo que se ve es el árbol, pero para que se vea así lo importante es lo que no se ve: las raíces.

Ser agente de futbolistas es lo más próximo a una carrera de obstáculos, pero sin salarios regulares a lo largo del camino que te dulcifiquen la travesía. En muchas ocasiones se revela como un acto de fe propio del trabajo en la sombra que se hace durante muchos meses sin el menor resquicio de conocimiento de si lo estás haciendo bien o mal.

En concreto, **la captación de jugadores es un simple intento de capitalizar una apuesta**. Es lo más parecido a la bolsa. Ves los valores, estudias comportamientos pasados, adivinas tendencias, seleccionas uno en función de infinidad de variables, y esperas comportamientos futuros.

Y el valor/futbolista puede hacer dos cosas: subir o bajar, acertar o fallar, éxito o fracaso. Apuesta absolutamente estudiada y meditada pero impredecible. Con una diferencia fundamental con la bolsa. Mientras en la bolsa la posibilidad de hacerse con un valor siempre existe a un determinado precio marcado por la oferta y la demanda, en la captación de un futbolista esa variable no existe. Te haces con él o no. No existe un desglose de la figura del jugador. No te puedes hacer con la pierna izquierda, la mano derecha y la ceja. Ya me entiendes.

Es más, la credibilidad y el recorrido de la competencia influyen definitivamente a la hora de hacerse con un jugador. En bolsa, no existe la competencia como tal. Existe, claro. Pero existe de un modo diferente. En la bolsa las cuantías que manejan los grandes competidores pueden variar interesadamente el comportamiento de un valor. En fútbol, en la captación de buenos jugadores, aquellos agentes que tengan mayor pedigrí se llevan al jugador. Y punto. Esta cuestión es una grandiosa barrera de entrada. Todo un reto.

Es por eso que no es una profesión al uso. Te tiene que encandilar, te tiene que apasionar. Tiene que ser una absoluta devoción. Si no, estás perdido. Abandonas al primer escollo. Y como he explicado, no existen escollos existen simas abismales que separan a uno de sus objetivos.

Sin pasión por este trabajo es imposible sortear los problemas, muy difícil mantenerse centrado en los objetivos propuestos. Estás absolutamente condenado a que te guste el camino a recorrer. Eso es tanto como decir que uno debe disfrutar de los reveses y frustraciones. Pues sí. Ese es el caso.

Sé constante. El éxito es no desfallecer, insistir, confiar en tu instinto, en tus capacidades y en tu trabajo. Y el que la sigue la consigue. Como decía Churchill: *"El éxito es ir de fracaso en fracaso sin desesperarse"*. Es un trabajo basado en la observación, el instinto, el saber hacer y sobre todo en la **credibilidad**. ¿Me sigues? Apunta esta palabra porque posiblemente sea la más importante que haya en este libro.

Ahora bien, te podrías hacer la siguiente pregunta: ¿Pero cómo voy a tener credibilidad a ojos de los demás si ningún jugador futbolísticamente interesante para mí me da la oportunidad de demostrar que soy merecedor de esa credibilidad, y por añadidura, de su confianza? Pues he ahí el jeroglífico. Uno debe tener la confianza en uno mismo y la tenacidad que sea necesaria para descifrarlo.

Sin embargo, ahí no se queda todo. Si acabas de empezar y has tenido la fortuna y capacidad de captar al jugador que verdaderamente te interesaba, habitualmente en categorías inferiores, te recomiendo que no bajes la guardia porque si se da el, por otra parte, magnífico caso de que tu jugador despunte, es más que probable que despierte la atención de aquellos agentes de mayor credibilidad, notoriedad, popularidad, etc., y que intenten hacerse con tu jugador. No hay que ser muy inteligente para darse cuenta de que, al menos, tu cliente les escuchara. No te engañes. Es así. De ahí la importancia de aportar valor.

Pero siempre existe una primera vez y para conseguirla hay que ser tenaz, peleón, intuitivo, valiente, perspicaz y, fundamentalmente, un grandísimo profesional. De ahí la necesidad de ser un auténtico devoto de esta actividad. Porque comenzar cuesta, y mucho. Aunque con devoción y constancia se consigue. Te lo aseguro.

4. CUESTIÓN DE APTITUD Y DE ACTITUD

Ser un buen agente es una cuestión fundamentalmente de actitud pero también de aptitud. Al igual que en el resto de profesiones si a día de hoy quieres ser alguien importante dentro de este mundo tienes que ser un gran profesional y ser diferente. He aquí el pecado capital que mucho nuevos agentes cometen.

Muy frecuentemente muchos agentes que deciden emprender esta nueva aventura comienzan eufóricos abducidos por las connotaciones que conlleva desempeñar esta profesión, y desconocen en el fondo cuáles son las vicisitudes y peculiaridades del negocio. No basta con estar. No basta con tener un carnet. No es suficiente el oropel y los baños cuasi de guirnalda que muchos se lanzan a sí mismo en sus particulares campañas de autobombo donde se parece más que se es. Esa actitud no tiene mucho recorrido.

Basta con rascar para que te des cuenta de que todo es cartón piedra, como si de un decorado de Disney se tratara. Hay que ir más allá. Hay que ser muy bueno en lo que se hace.

a. CONVIÉRTETE EN UN LEONARDO DA VINCI

"Los que se enamoran de la práctica sin la teoría son como los pilotos sin timón ni brújula, que nunca podrán saber a dónde van". Leonardo Da Vinci.

En estos tiempos que corren nos recuerdan sistemáticamente la importancia de la especialización. Lo imprescindible que es ser bueno en una cosa. Que saber de todo ya no conduce absolutamente a nada. Pues bien. Yo no compro ese argumento. No al menos en lo que a ser agente de futbolistas se refiere. Más bien estamos hablando de todo lo contrario. ¡Especialízate en la actividad, no en el conocimiento! Ojo, nada tiene de malo saber mucho de una cosa en particular, pero hay que saber de todo un poco, aunque posteriormente se subcontraten servicios.

Tienes que saber de fútbol, sí, pero también de ventas, de finanzas, de psicología, de derecho, etc. Y es ahí donde una gran cantidad de efusivos nuevos agentes fallan. O directamente no les interesa.

Una buena formación genérica y multidisciplinar es absolutamente imprescindible para ser un buen agente. Si no, no eres un agente con letras mayúsculas, eres un mero comercial, un intermediario. Y eso, salvo los grandes y reputados agentes, es lo que convierte a esta profesión, más veces de las deseables, en un "océano de sangre". Un lugar donde se encuentra una ingente cantidad de personas que no aportan el menor valor añadido. Todos intentan hacer lo mismo. Mediar. Simple y llanamente. Se han convertido en *commodities*. Y por lo tanto en personas invisibles. En marca blanca. Hacen lo de todos. No aportan nada especial. Se "matan" entre ellos. **Y un agente de futbolistas con todas las letras tiene que aportar valor añadido**, **tiene que destacar por su profesionalidad, tiene que desmarcarse de ese "océano de sangre" para situarse en el "océano azul"**. Debe ser capaz de prestar un magnífico servicio a su cliente desde un punto de vista multidisciplinar. Y para ello **hay que formarse continuamente**.

Si no lo haces, si no te formas, estás permanentemente abocado a tener que creerte lo que los demás te dicen. Porque uno no sabe absolutamente nada de lo que le están contando. Y eso es malo.

Si pretendes ser un buen asesor hay que saber siempre lo que se está haciendo. Tener una formación tal que te dé el suficiente criterio para saber si lo que está sucediendo o lo que te están contando es bueno, malo o susceptible de algún tipo de modificación. Si no, eres vulnerable a cualquier cuestión que te puedan plantear. A cualquiera. Y ese puede ser el principio del fin para tu cliente y para ti. Son innumerables los casos de deportistas arruinados por introducirse en temas que ni él ni su agente conocían. Por lo tanto, asesora bien, aprende continuamente. Conoce.

b. AUTOCONTROL

"El hombre más poderoso es aquel que es totalmente dueño de sí mismo". Aristóteles

El autocontrol es otra de las cuestiones clave. Es imposible asesorar bien a tu cliente si no se dispone de esta capacidad. **Hay que derrochar templanza y equilibrio**. Debes saber gestionar bien los innumerables episodios de ansiedad por los que estarás obligado a pasar.

Esta profesión se caracteriza por el gran número de momentos de espera. De espera activa. Pero de espera. No olvides que como agente que eres no dejas de ser un eslabón más dentro de este mundo profesional. A menudo, tendrás que efectuar multitud de llamadas, escribir un gran número de correos electrónicos para, a continuación, verte obligado sistemáticamente a esperar contestaciones y ratificaciones que nunca llegan. **Esta profesión es una profesión de saber esperar**, de no desesperar, de saber manejar los tiempos para respetar esa delgada línea que separa el hecho de ser tenaz y ser cansino. Y no es una línea fácil de respetar porque suele entrar en juego un grandísimo enemigo de esta profesión que se llama ansiedad.

Lo siento si en tu caso sufres ansiedad de forma habitual, sin ir más lejos yo he tenido que aprender a controlarla, pero si quieres sobrevivir en esta profesión hay que saber manejarla. Hay que saber proyectar una imagen serena, independientemente de que la procesión vaya por dentro. La ansiedad la tienes que guardar bajo llave. No la dejes salir. Si lo haces te traicionará y afectará irremediablemente a tu imagen personal y por ende a tu credibilidad. Insisto, hay que quedarse con esta palabra: **credibilidad**. Te la repetiré más veces de aquí en adelante. Es clave.

c. <u>AUTODISCIPLINA</u>

"La única disciplina que dura es la autodisciplina". Bum Phillips

Como agente autónomo nadie te va a decir lo que tienes que hacer, ni cómo lo tienes que hacer, ni si lo estás haciendo bien o mal, ni a qué hora te tienes que levantar o acostar, ni cuántas horas le tienes que dedicar, ni qué partidos ver, ni a quién. Olvídate. Esto no funciona así. Eres tú el que se tiene que organizar y establecer una hoja de ruta. Tú y nadie más. Y lo que es más difícil, te tienes que comprometer a respetar todo aquello que te hayas planteado, así como también intentar conseguir los hitos parciales que hayas establecido a lo largo del camino.

No vas a tener un "ojo que todo lo ve" que te va a ir marcando pautas y corrigiéndote si entiende que te estás desviando del camino. No existe esa figura paternalista que todo el mundo aborrece cuando existe y añora cuando no está porque se siente desamparado. No busques la aprobación porque nadie te la dará. Y si alguien te la da desconfía, porque no tiene la más mínima idea. Porque si la tuviera ni te hubiese dado su aprobación ni te lo hubiese dicho porque esa persona, directamente, ya lo habría hecho.

Eres tú, tu confianza, tu criterio, tus objetivos y tu hoja de ruta. Listo. ¿He mencionado que hace falta verdadera pasión para ejercer esta profesión? Espero que te estés dando cuenta de ello a medida que vamos avanzando. **Sin pasión el ejercicio de autodisciplina es estéril**. Ahora bien, si la desbordas, la pasión, desterrarás para siempre las excusas o justificaciones. Alguien dijo muy sabiamente que **con las excusas desaparecen los errores**. Si quieres algo búscalo, no te limites a desearlo. Márcate un plan y lánzate a por ello. No hay más. Pero ese plan debes marcarlo tú, en el tiempo y la forma que desees, y con las modificaciones que entiendas convenientes. Pero todo ello bajo tu responsabilidad. No existe ningún oráculo para ello. Hazte a la idea.

d. TOLERANCIA A LA FRUSTRACIÓN

Tom Watson, fundador de IBM dijo: ***"Si quieres tener éxito duplica tu porcentaje de fracasos"***. Yo añadiría: y no sucumbas a ellos. En el desarrollo del aspecto comercial de esta profesión la mayoría de veces se fracasa. Asúmelo. Esto es así. Pero como ya he comentado con anterioridad, Churchill decía que el éxito es ir de fracaso en fracaso sin desesperarse. Muy de acuerdo.

Lo interesante de la afirmación de Churchill es lo que se puede leer entre líneas. Para ir de fracaso en fracaso sin desesperarse hay una cosas consustancial e inherente a tal afirmación, y que Churchill no menciona pero que deja de soslayo. Y es que para ir de fracaso en fracaso es requisito imprescindible tener que levantarse de cada uno de los fracasos. O, si se prefiere, de cada una de las frustraciones. Es cierto que la frustración es hija de la expectativa. Expectativas que, por otro lado, tú mismo te planteas. Y así tiene que ser. Porque tener expectativas es signo inequívoco de que tienes objetivos. Y eso está bien. Pero que sepas que el camino es enrevesado.

La línea recta funciona en contadas ocasiones. Hay que aprender a sortear los obstáculos y a dar curvas. **Lo difícil no es hacer. Lo difícil es ser**. Estar mentalmente preparado para saber que las frustraciones son una variable muy importante, y muy presente, en este juego. Pero eso no es óbice para que nos detenga. Siempre se consigue lo que uno se propone si se tiene la disposición, la determinación y el coraje suficiente para no desfallecer hasta conseguirlo. Pero el camino es arduo y hay que estar mentalmente preparado.

Lo anterior se podría resumir de la siguiente manera, **"si no es para ti no lo será aunque te pongas, y si es para ti lo será aunque te quites"**. Espero que lo tengas claro. Asume que existen variables que no puedes controlar. Éstas variables generan ansiedad y frustración. Mejor céntrate en aquello que sí depende exclusivamente de tu desempeño. Lo que tenga que ser, será.

e. LA PACIENCIA PAGA... Y LA TENACIDAD INTELIGENTE TAMBIÉN

Uno de los problemas que existe cuando se tienen una serie de objetivos marcados es que tendemos a pensar que dicho objetivo es directamente proporcional al trabajo desempeñado por nuestra parte. Es decir, tanto trabajo tanto consigo. Y la verdad es que ésta es una idea contradictoria.

Sí que es verdad que si trabajas mucho tu índice de probabilidades tiende a ser mayor, pero esto no tiene porqué ser así. Es más yo nunca he estado muy de acuerdo con esa creencia tan enraizada que tenemos que establece que todo se consigue por medio del trabajo duro. De verdad que yo no lo creo. **En lo que sí creo es en el trabajo inteligente**, y eso no es consecuencia directa de trabajar muchas horas. Ahí tenemos la ley de Pareto del 80/20. **El 20% de los esfuerzos generan el 80% de los resultados**.

La consecución de objetivos no es una cuestión únicamente de trabajo, que también, si no que más bien su logro radica en un correcto manejo de la psicología.

Los negocios no los hacen las máquinas, los negocios los hacen las persona. Las máquinas son meros instrumentos. De tal forma que dejemos de comportarnos como "instrumentos" y empecemos a emplear y a trabajar con aquello que nos separa de las máquinas y que supone nuestro principal elemento diferencial: el cerebro. Piensa. Henry Ford lo decía claramente: *"Pensar es el trabajo más duro que existe, es por eso que muy pocas personas lo realizan"*.

Esta profesión tiene que ver mucho con la capacidad de saber esperar. Con la capacidad de pensar para darse cuenta de que, **en ocasiones, lo más inteligente es no hacer nada**. No olvides que tratas permanentemente con personas. Con lo cual, si deseas obtener un resultado que depende exclusivamente de personas la cuestión diferencial será el tipo de psicología que apliques. Algunos lo llaman empatía.

Debes ser consciente de que una vez realizado el trabajo, llamémosle "mecánico" (llamadas, correos electrónicos, reuniones, visitas, etc.), hay que saber esperar, hay que estar preparado para estar dispuesto a no hacer nada, salvo ser paciente. Y para ello es requisito imprescindible el manejo de la ansiedad.

No ser capaces de manejar la ansiedad te conducirá a la hiperactividad. Una hiperactividad que para lo único que te sirve es para callar a tu crítico interior y tener la sensación de que estás haciendo algo. Por alguna razón, la gente siempre tiene la sensación de que todo tiene que depender de uno. Y no funciona así.

Lo último que pretendes es resultar a ojos de los demás como lo que comúnmente se conoce como pelma. Ser considerado como tal tiene unos efectos absolutamente perniciosos para la proyección de tu imagen personal, y en consecuencia en, ¡adivina!, tu **credibilidad**. Otra vez esta palabra.

Como puedes apreciar el desempeño genial de esta profesión tiene mucho que ver con la aptitud, pero más si cabe con la actitud.

Que en ocasiones sea deseable adoptar una actitud pasiva no te debe llevar a pensar que tienes que estar de brazos cruzados. Nada más lejos de la realidad. Se trata de saber manejar los tiempos y de respetar al otro. Es una cuestión de **tenacidad "inteligente"**, **"tenacidad "pensada"**. Digamos que se trata de una "tenacidad elaborada" en lugar de una "tenacidad bruta". Si consigues comportarte así ya tendrás mucho ganado.

En definitiva, lo que está en tu mano tienes que hacerlo a la perfección. Tienes que saber que no todo depende de ti, que tratas con otras personas y que la mejor manera de sobrellevarlo es que seas consciente de ello, que destierres la ansiedad y apliques la empatía. Al final esta paciencia te pagará con creces.

f. QUÉ NO DEBIERA SER UN AGENTE DE FUTBOLISTAS

Juguemos otra vez al juego de la bolsa. En el mercado de compraventa de acciones existe una figura que conocerás muy bien que es el bróker. El bróker no deja de ser un intermediario que compra o vende en tu nombre una serie de acciones y cobra una comisión por ello. Es un intermediario. Eso es todo.

A mí, esa definición de agente como simple intermediario no me gusta. Hay gente que la realiza, es respetable y no hay nada malo en ello. Únicamente que yo no entiendo esta profesión así. No quiero simplificarla de esta manera.

Soy consciente de que en este tema puede que me introduzca en terrenos espinosos y que posiblemente no compartas mi opinión. Lo respeto. En mi caso particular, entiendo esta profesión desde una perspectiva que puede resultarte excesivamente romántica. Pero es mi visión. Yo a un agente de futbolistas lo entiendo como a un compañero de viaje, como a un consejero multidisciplinar. Que sabe un poco de todo y, posiblemente, mucho de alguna cuestión en concreto. Con una gran capacidad de autocontrol.

Pero, ¿por qué es necesario saber un poco de todo si tienes la oportunidad de acudir a gente especializada en algún sector concreto (fiscal, laboral, etc.)? Pues porque siempre tienes que tener las decisiones bajo control. Elegir dónde acudir también tiene que ser una decisión adoptada bajo control. Y para adoptar decisiones como esa tienes que tener un mínimo conocimiento de qué es lo que tienes entre manos. Insistiré mucho en que me parece crucial que asesores con conocimiento de causa. No pueden existir lagunas en el ejercicio de la actividad cimentadas en actos de fe.

Con lo cual, estar debidamente formados te ayudará a, en primer lugar, definir bien de qué tema se trata para que posteriormente puedas redirigirlo a aquellas personas que puedan tener un conocimiento más profundo del tema. En segundo lugar, y para mí fundamental, para que puedas evaluar las recomendaciones de estas personas desde una perspectiva crítica, y poder hacer, si cabe, las preguntas adecuadas. Así, no te verás abocado a creer todo lo que alguien pueda decirte por carecer de un mínimo conocimiento que pueda hacer saltar las señales de alarma.

Insisto en que **tienes que evitar en la medida de lo posible los actos de fe en los negocios**.

Un buen agente debe ser polivalente, completo. Un tenista jamás ganará si no le sabe dar de revés, por muy buena que sea su derecha. Debes saber manejarte en todas las posiciones. Si no, serás un mero técnico en un área concreta, incapaz de manejarse en otras parcelas.

Con todo esto me refiero a si trabajas como agente autónomo, no si lo haces dentro de una gran agencia. Las grandes agencias funcionan como un gran agente societario. La diferencia estriba en que mientras en un agente autónomo unipersonal el conocimiento multidisciplinar mínimo se engloba en su persona, en los agentes societarios dicho conocimiento multidisciplinar se desglosa en determinadas personas, siendo dichas personas, dentro de su organización, más conocedoras que otras en determinados aspectos.

Las agencias son otra manera de gestionar esta actividad. De hecho las hay muy importantes. A unos les gustará más, a otros menos. La única cuestión a la que deben prestar atención las grandes agencias es a la **capacidad de flexibilización** de sus estructuras y por consiguiente de su actividad. Este elemento a tener en cuenta viene propiciado por un flujo de caja especial, propio de esta actividad.

PARTE II – QUÉ SE ESPERA DE UN AGENTE DE FUTBOLISTAS

Todo, y a la vez, nada. Todo depende del ámbito en el que te estés moviendo y con qué tipo de futbolista trabajes. A riesgo de generalizar demasiado diré que cualquier futbolista te diría que lo que pretende es jugar en el mejor equipo posible, estar a gusto en el equipo y ganar el suficiente dinero en su etapa deportiva que le permita no tener que trabajar más y, si es posible, vivir al mejor nivel.

Ahora bien, ¿cómo hacerlo? A partir de ahí tú te lo guisas tú te lo comes. Lo que hay que tener claro son estos principios, y a partir de ahí aplicar toda la capacidad y el genio posible para generar las herramientas suficientes que permitan satisfacer sus deseos.

Llegados a este punto no puedo más que acordarme de las palabras de Henry Ford cuando dijo que, *"si hubiese preguntado a la gente qué es lo que quiere, todos me hubiesen contestado que un caballo más rápido"*. En términos parecidos se pronunciaba Steve Jobs cuando decía que *"la gente no sabe lo que quiere hasta que se lo enseñas"*. En definitiva, tu cliente dejará que realices todo aquello que creas oportuno, siempre y cuando tengas respuestas a sus pretensiones. No entrará en si es o no ortodoxo. Cualquier forma de hacer las cosas será bienvenida siempre y cuando sea respetuosa y cumpla los objetivos de tu cliente. Tu cliente no te pedirá acciones concretas, te pedirá que le soluciones problemas.

26

1. MARCA PERSONAL

Cuando hablamos de marca personal estamos hablando de "desmarque personal". De la capacidad que tiene uno de hacerse visible a los demás, de alejarse de lo convencional. De resaltarse respecto al fondo. En definitiva, de no ser uno más. De ser diferente, en el buen sentido de la palabra.

Se trata de un concepto empresarial transferido y aplicado a las personas. ¿Por qué cuando compras un producto eliges uno y no otro? Lo haces porque una marca determinada te transmite mayor fiabilidad. Y por esa cualidad adicional te merece la pena hacer frente a un sobreprecio. Esa marca en concreto te transmite una serie de valores diferentes respecto a la competencia. Ni mejores ni peores. Simplemente diferentes. Es el cliente final el que determinará qué elementos de las diferentes marcas aprecia más.

Y lo mismo podríamos aplicar a los agentes de jugadores. ¿Cómo puede una persona física convertirse en una marca personal?

En primer lugar, siendo un **gran profesional**. Para ello hay que formarse. De forma permanente, constante. Alejemos de nuestras creencias esa idea tan arraigada de que ya es suficiente la educación superior. Lo siento, pero

ya no es así. Ese paradigma ya pasó a mejor vida. Como no intentes mejorar diariamente y formarte a perpetuidad te conviertes en alguien absolutamente desfasado. Obsoleto. **Para mejorar tus resultados es imprescindible que tú mejores**.

En segundo lugar, hay que ser **auténtico**. Sé tú mismo. Aléjate de los convencionalismos. No sigas las directrices del "rebaño". Sigue las tuyas. No es deseable ser previsible. Eso sólo refleja ser socialmente cómodo. Lo diferente y atractivo requiere incomodidad. Salirse de lo trillado. Es obligatorio despojarse de etiquetas, salirse de los epígrafes vitales preestablecidos. Tú eres tu propia etiqueta. No existe nadie como tú. **Hay que poner en valor aquello que tú eres**. Que todo el mundo pueda tener claro quién eres. Qué ofreces. Autenticidad.

Otro elemento muy importante para ser una marca personal es la **diferenciación**. Está muy relacionado con la autenticidad. Cuando eres auténtico, cuando eres tú, y no has sido absorbido por la "masa", en la forma de ser y de hacer, automáticamente te diferencias. Aunque se trate de una actividad estanca, con un "abc" determinado, siempre puede existir un cómo que te diferencie. Una forma de hacer. De relacionarte.

En esta actividad de agente de jugadores existe una característica muy particular y absolutamente imprescindible. Una particularidad que por estar en boca de todos no deja de estar ausente en nuestro día a día más veces de las deseables. Y por tanto, representar dicha característica empieza a ser, de forma cada vez más habitual, un elemento diferencial. Hablo de la **honestidad**. Sé honesto siempre. No divagues en este sentido. No elijas ser o no honesto en función de las circunstancias. O en función de lo que puedas perder. Sé diferente. Sé auténtico. Y lo más importante: que esa diferencia sea constante y perdurable en el tiempo. Si no es así no serás fiable y perderás…, **credibilidad**. Otra vez.

En tercer y último lugar tienes que tener **notoriedad**. Necesitas ser todo lo anterior y, además, tienes que preocuparte muy mucho de hacerte visible, de hacerte relevante. De nada sirve que seas diferente y auténtico si nadie sabe que lo eres. Hay que exponerse, presentarse en sociedad, que tus clientes potenciales sepan que existes. Para que de esta forma sean conscientes de lo que ofreces y, si les gustas, te compren.

No tengas miedo a fracasar. ¡No tengas tampoco miedo a triunfar! Confía en ti. Elimina de tu "software mental" el deseo de aceptación, de aprobación del prójimo. No sirve de nada. De hecho, es la antítesis de lo expuesto en este epígrafe.

2. EMPRESA DE CONSULTORÍA UNIPERSONAL VS AGENCIA

Generalmente, cuando uno se introduce en este mundo estudia, pasa un examen, aprueba, le dan el carnet y listo.

Empiezas a funcionar. Hay muchos libros que hablan de ello.

Hay personas que se lanzan directamente por sí mismas o las hay que prefieren empezar a desarrollar su actividad como empleado bajo el amparo de una agencia de representación. Ambas modalidades están bien. Decantarse por una o por otra va en función de la personalidad de cada uno. De su propensión o aversión al riesgo. Obviamente el periodo de maduración de tu actividad a título individual va a ser diferente en función de por cual te decantes. También es cierto que a pesar de que el agente unipersonal requiere un periodo de maduración más amplio su proceso de aprendizaje puede ser dolorosamente mayor. Y no me refiero a cuestiones puramente técnicas. Me refiero al **cultivo de la fortaleza mental,** al **control del desvío de atención**.

Ten claro el foco. Asume y lidia los vaivenes que vayan apareciendo para después retomar el camino marcado. Es un aprendizaje emocional superlativo. No existe un paraguas protector. Existe el callo. El prueba y error.

Las agencias de representación son otra cosa. Puedes colaborar con ellas o directamente ser un empleado suyo. En este sentido el aprendizaje es diferente. Puede desgastar menos desde el punto de vista emocional. Existe un escudo protector al que poder recurrir. Siempre hay alguien de los tuyos que te puede ayudar. Aprendes directamente el "saber hacer". Está ahí. Al alcance de la mano.

Por otro lado, las habilidades que puedas aprender es posible que estén predefinidas. Que tu grado de aprendizaje esté delimitado. La política de la empresa puede determinar hasta qué punto puedes llegar. En qué ámbitos te vas a mover. Es más, qué cosas puedes saber y qué cosas no.

Es por ello que cada uno debe decidir qué es lo que prefiere. Son circunstancias diferentes para mentes diferentes.

Lo anterior en cuanto a los inicios. Sin embargo, existen otros elementos de índole más empresarial que hay que tener en cuenta cuando se desarrolla esta actividad. Intentaré no excederme en temas puramente técnicos y procuraré hacerlo comprensible. Tiene que ver con la flexibilidad. Pero, ¿por qué hablo de flexibilidad?

Muchas veces la flexibilidad es la clave del éxito. Tiene mucho que ver con la capacidad de adaptación. Está estrechamente ligado a la estructura, a la estructura de los costes propios de la actividad.

En entornos cambiantes un elemento fundamental es la posibilidad de "variabilizar" los costes. Tiene que existir la posibilidad de flexibilizar tu estructura. Intentaré explicarlo para el caso concreto de los agentes de jugadores.

Como sabemos, de forma general, el flujo de ingresos en esta actividad es variable, indeterminado. Por lo menos en comparación con otros sectores de actividad. Para aquellos jugadores que tengas en cartera es más que posible que tengas un ingreso recurrente por los contratos ya firmados. Pero en este mundo lo que interesa es que haya movimiento y el hecho de que éste exista no depende exclusivamente de tu buen hacer. Existen cuestiones que escapan a tu control.

Por tanto, aquel agente unipersonal dispondrá de mayor flexibilidad para adaptarse a la coyuntura del sector. Será más moldeable, menos rígido. Es menos susceptible a las fluctuaciones del mercado, llegando en determinados momentos a ser más competitivo. **El agente unipersonal sacrifica un mayor volumen por mayor adaptabilidad**.

Por otra parte una gran agencia de representación tendrá una organización capaz de desarrollar tal actividad que es capaz de llevar a cabo un gran volumen de negocio. Sin embargo, debe tener cuidado con afianzar estructuras rígidas poco propensas a la flexibilidad. Con un proceso de adaptación lento y costoso.

En épocas de bonanza, cuando una empresa afianza costes fijos sus beneficios son superiores a aquellas basadas en costes variables. Sin embargo, son más sensibles al cambio de coyuntura de la actividad. De tal forma que cuando gana, gana mucho pero cuando pierde también lo hace de igual manera.

El agente unipersonal por su parte cuando gana es posible que no gane tanto pero cuando pierde su capacidad de adaptación es mayor. Por lo tanto, independientemente de cuál sea la estructura de costes que se adopte para el desarrollo de la actividad hay que hacer especial hincapié en la **adaptabilidad**. Y para ello, antes, insisto, antes de hacer nada hay que conocer y plantearse muy bien los diferentes escenarios que pueden presentarse, así como también los flujos de caja (ingresos y gastos, y cuándo se producen) propios de la actividad.

3. ASPECTO COMERCIAL

"Los clientes no están cansados de argumentos comerciales; están cansados de comerciales sin argumentos". Luis Folgado de Torres

Cuando quieras captar a algún jugador para que pertenezca a tu cartera de clientes, a aquel jugador con proyección, interesante, en el momento en el que te acerques e intentes hacerle ver que tú eres su mejor opción, siempre, repito, siempre vas a tener que estar preparado para dar respuesta a una pregunta. Te la dirán o no. Pero siempre se la plantearán, aunque sea en silencio. La pregunta es: **¿Por qué tú?** Es decir, qué me vas a dar tú que no me vayan a ofrecer los demás.

Hay que tener una cosa absolutamente clara. Lo que yo llamo el **"reclamo social"**. Todo el mundo es propenso a querer lo que antes otros han querido o tenido. Siempre.

Nadie quiere hacer la primera apuesta. Nadie quiere ser el único. Y si la hace, el valor añadido que se le presente tiene que ser muy superior a lo que ofrece el resto. Hasta tal punto que pueda disipar sus dudas. Por lo tanto, en la consecución de clientes, el grado de profesionalidad, creatividad y diferenciación tiene que ser importante. Recuerda, ¿por qué tú?

Las grandes agencias o los grandes agentes tienen fácil respuesta: porque fulanito y menganito están conmigo así que debo de ser bueno. Sin embargo, aquellos que empiezan, deben dar respuesta a esta pregunta de la mejor forma y a la mayor brevedad posible. Si no eres capaz de aportar un elemento diferenciador que sea capaz de disipar las dudas de tus clientes, malo. No nos interesa estar en el "océano de sangre". Donde todos, por ser iguales, se despellejan. Nos interesa estar en el "océano azul". Para ello hay que definir bien qué tres ventajas le vas a aportar a tu interlocutor. Ni dos ni cuatro. Tres. Tu interlocutor no retendrá más. Es psicología.

De igual forma, hay que tener preparado de antemano una serie de respuestas que contesten a las siguientes preguntas: **qué, quién, cómo, cuándo, dónde y por qué**. Tenlas preparadas. No improvises. Si improvisas, dudarás. Y si dudas, generarás desconfianza en tu interlocutor. Esas dudas ten por seguro que se reflejarán en tu proyección personal. La desconfianza que generas afecta a tu credibilidad. Y sin credibilidad no vendes. **Hay que aprender a vender y a venderse**.

Resumo lo que se aprende en un Máster de Gestión de Empresas (MBA). **Si quieres vender, o lo haces mejor o lo haces más barato**. Ya está. Eso es todo. Y elijas lo que elijas, dalo a entender a tu interlocutor. Proyéctalo en cada elemento de tu conducta. Espero que todo esto te sirva de ayuda.

4. LOS BUENOS FUTBOLISTAS SE VENDEN (Y VENDEN) SOLOS

A pesar de lo que pone en el epígrafe hay que saber vender. Muy importante. **Un agente tiene que ser un potente vendedor**. Y no venderás bien si primero tú no te sabes vender bien. Todo el mundo, absolutamente todo el mundo, debería aprender a vender. Dedicar una pequeña porción de su tiempo para aprender el noble arte de la venta. No hay que escatimar esfuerzos. Es más, de forma frecuente se evaluará tu desempeño desde un único punto de vista. ¿Mi agente me vende, o no lo hace? ¿Me da a conocer o no? En sentido metafórico, ¿habla bien del "caballo"? ¿Sí o no? En última instancia, ¿da resultado?

Lo que sí es cierto es que **la publicidad es el precio que hay que pagar por no tener un producto único, destacable**. Sólo hay que salir a la calle para darse cuenta que la necesidad de publicidad y venta activa es inversamente proporcional a la calidad de tu producto. Y en el fútbol pasa lo mismo. El esfuerzo de venta que requiere un jugador *commodity* es muy superior al que necesita un, vamos a llamarlo, "crack". No descubro nada nuevo.

Todo esto nos conduce a la siguiente cuestión. Decir todo lo anterior conlleva también sacar la conclusión de que los grandes jugadores se venden solos. Y lo hacen ante los propios clubes que potencialmente puedan estar interesados en contar con sus servicios. Pero no sólo ante ellos. ¡También ante los propios agentes! Los agentes se pelean por el jugador que destaca. Si un jugador sobresale enseguida tendrá a una multitud de personas merodeando alrededor. Todos intentando venderle sus bondades y pregonando las deficiencias de la competencia. A lo dicho, todo un océano de sangre. Todos haciendo lo mismo. Nada distinto. Todos se ofrecen.

En este marco, si estás empezando en este mundo tienes dos opciones: ofrecer algo diferente o, si no tienes algo distinto o una forma de hacer novedosa, desistir. Directamente. ¿En qué posición te puede dejar eso? Pues aquel que empieza tendrá que diferenciar la oferta, es decir diferenciarse él, o centrarse en lo poco demandado (futbolistas del montón). No hay otra. Es la ley de la oferta y la demanda. Es la única ley perdurable. Es la única ley natural. No escrita. Por eso permanece.

Y adivina qué. Si te ves obligado a quedarte con lo poco demandado estarás obligado a incrementar tus capacidades de venta. Insisto hay que vender. Si no, rediséñate y ofrece algo o una forma de hacer distinta.

Este negocio tiene mucho de pescadilla que se muerde la cola. Es una especie de bucle. Si eres un agente conocido tu reputación y tus clientes son tu mejor campaña de marketing. Tus propios clientes hablarán bien de ti. Dentro del propio vestuario. Y existen muchas horas muertas en hoteles y concentraciones. De tal forma que tú no buscarás clientes. Ellos te buscarán a ti. Y ese es el secreto del éxito. Vendrán buenos jugadores que requerirán de tus servicios. Lo haces bien y tu reputación va constantemente retroalimentándose y generando ese flujo triunfal.

Contrariamente, si estás empezando te resultará muy difícil conseguir la confianza de un jugador de los denominados "señalados" por lo que no tendrás tantas oportunidades de demostrar tu talento, lo que provocará que carezcas de reputación. Y sin reputación no generas la confianza suficiente de cara a aquellos jugadores que puedan interesarte. Este es el bucle que no interesa. En algún momento hay que romper con ese circuito recurrente. Y ese circuito se rompe por temas puntuales, a saber, un jugador que explota como futbolista en un momento determinado sin que nadie lo espere, un jugador que por cualquier motivo confíe más en ti que en otro y que con posterioridad destaque, etc.

Lo que sí hay que tener muy presente es que esa suerte hay que buscarla. Con aprendizaje, trabajo y tenacidad "inteligente". **La suerte no deja de ser el punto donde confluyen preparación y oportunidad**. Lo que no puede ser es que llegada la oportunidad no tengamos preparación. Eso sí que está en el ámbito de nuestro control. No se escapa a él. Aprovechemos la oportunidad de mejorar constantemente. Lo contrario sería un error garrafal y caro en el largo plazo.

5. NOTORIEDAD Y VISIBILIDAD

Este tema es un tema que empieza a ser recurrente, pero es de suma importancia. **Un jugador quiere que le hagas sentir especial y que proyectes esa especialidad a ojos de los demás**. No lo harás bien a no ser que tú no apliques esos principios sobre tu propia persona. Para venderle algo a tu potencial cliente no se lo digas, muéstraselo. Y muéstraselo a través de tu persona. Dótate a ti mismo de notoriedad y de visibilidad. Sé tu propia campaña de publicidad. Volvemos a lo de antes. **Conviértete en una marca personal**. Tienes que dotarte de contraste. Sepárate del fondo. Perfílate. Sé tú mismo lo que pregonas. Como dice Woody Allen: ***"Los hechos valen mucho más que las palabras, porque las cosas al hacerse se dicen solas"***.

6. CONTACTOS: UNA CUESTIÓN DE TIEMPO Y DEDICACIÓN

Es muy frecuente escuchar aquello de que un agente es muy bueno porque tiene muchos contactos. No nos engañemos. Tener contactos como tal es una cuestión de tiempo y dedicación. No hay que confundir los términos. Cuando se dice que un agente tiene contactos es cierto que los tiene, pero lo que realmente tiene es credibilidad.

Tener contactos es un sumatorio de nombres y números de teléfono. Lo importante no son los contactos, sino lo que haces con los contactos y cómo te presentas ante ellos. De nada vale tener un Ferrari si no sabes conducirlo.

Los contactos son personas con las que debes tratar. Las cosas están para utilizarlas, pero para utilizarlas bien. Existen multitud de personas que se vanaglorian por recopilar datos. Como si eso sirviera para algo. Ese es el principio del camino, pero hay mucho más. Lo importante es qué haces con esos datos. Y más que lo que haces, lo verdaderamente interesante es qué tipo de vinculación voy a establecer con ellos y qué es lo que yo voy a realizar para que eso se lleve a cabo. **El fin último es establecer relaciones de confianza**.

Es preferible tener una red de contactos modesta pero perfectamente trabajada, donde seas reconocido como alguien fiable y respetable, que coleccionar números por el simple hecho de hacerlo. Como si de cromos se tratase. Eso no conduce nada.

En lugar de recopilar datos sistemáticamente, es más interesante en este sentido establecer relaciones de confianza con tus iguales, esto es, otros agentes para que, trabajando en red, uno pueda realizar negocios desde la confianza, desde la credibilidad. Aunque no sea por ti directamente, sí a través de otro agente que pueda tener esa relación de confianza con el cliente final. Fórmulas para regular eso existen. Y muchas.

7. RELACIONES Y TÉCNICAS DE VENTA

La gran pregunta del millón que te puedes estar planteando es: "vale, vender es crucial pero, **¿cómo se vende bien?** ¿A qué tengo que prestar especial atención? Bien, la respuesta es sencilla. **Hay que empezar por cerrar la boca y abrir bien los oídos**.

El elemento principal de la venta es saber lo que quiere el otro. Practica la "escucha activa". Lo que quieres tú no importa. Nadie está para escucharnos. Absolutamente nadie. Todo el mundo se preocupa única y exclusivamente de lo suyo. Lo demás entra por un oído y sale por el otro. Por lo tanto hay que centrarse en las necesidades de nuestro interlocutor. Cuanta más atención prestemos a lo que nos dice la otra persona mejor sensación le causaremos. Sabrá que nos preocupamos por su persona, y eso mejorará su actitud hacia nosotros y, además, su predisposición a hacer negocios. No tendrá la sensación de que estamos allí para venderle algo.

Primero escuchar y después ofrecer. De nada sirve ofrecer a una persona un coche cuatro por cuatro, por ejemplo, cuando está loco por comprar un deportivo. Escuchemos primero por tanto.

Como decía, es estrictamente necesario abrir bien los oídos y dejar a la otra persona hablar. Si le dejamos hablar acabará dándonos pistas de sus intereses y de lo que quiere. **Invito a prestar especial atención a la "última gota" de lo que dice nuestro interlocutor. Suele ser la más reveladora**.

Una vez escuchado su punto de vista, y tras haber sacado conclusiones sobre cuáles pueden ser sus intereses y motivaciones, deberemos cumplir los siguientes tres pasos:

En primer lugar debemos **captar su atención**. El cliente tiene que entender que eres una persona capaz de atender sus problemas y preocupaciones.

Déjale hablar y preste atención. Es después de escuchar lo que tenga que decir cuando tenemos que lanzarle el mensaje para captar su atención. Nuestro interlocutor tiene que fijarse en nosotros. Y para ello tiene que existir una relación entre lo que la otra persona nos transmite y lo que nosotros le vamos a plantear. **De forma habitual, mientras**

la otra persona habla, estamos más pendientes de lo que vamos a decir a continuación que de lo que la otra persona nos está contando. Como resultado, no suele haber ninguna conexión entre lo que decimos y lo que nos ha sido transmitido. Se produce una disociación.

En segundo lugar, una vez que nuestro interlocutor se ha fijado en nosotros tenemos que **suscitar su interés**. Para ello es imprescindible que el interlocutor nos haya prestado atención con anterioridad. **No existe la posibilidad de suscitar el interés sin previamente haber capturado la atención**.

Tenemos que tener claro que las personas, todas ellas, sólo mostraran interés en nosotros si les vamos a reportar un beneficio o si les vamos a solucionar un problema. No nos engañemos. Son los dos únicos medios por los que una persona va a ver estimulado su interés. De este modo, a la hora de vender hay que tener perfectamente claro qué es lo que vamos a decir a nuestro interlocutor y, lo que es más importante, cómo se lo vamos a decir.

El interlocutor tiene que tener claro, de una forma diáfana, que aquello que le transmites le va beneficiar de alguna manera o le va a solucionar un problema. Es decir, tiene que tener claro que va a sacar algún beneficio sobre cierta cuestión real que le preocupa a día de hoy.

En tercer y último lugar, no basta con que le digamos las cosas a nuestro interlocutor. Hay que demostrar que no mentimos y que lo que estamos diciendo es cierto. La **demostración** tiene que efectuarse una vez que el interlocutor haya prestado interés. No tiene sentido hacerlo antes. Caerá en saco roto. Es inútil.

Por otro lado, hay que cuidar con especial atención el escenario y el clima de la venta. Nos tenemos que preocupar para que el escenario en el que se desarrolle la comunicación sea un escenario de colaboración y con un clima tranquilo. Todo lo contrario sería contraproducente.

Cuidemos además, no sólo el contenido del mensaje, sino también la forma de dicho mensaje. Concentrémonos en ser sencillos. Simplifiquemos. Hay que asegurarse de que la otra parte ha entendido el mensaje que se pretende transmitir.

Repetir de otra manera el mensaje es otra consideración a tener en cuenta. Ayuda a posicionarlo en la mente de nuestro interlocutor.

Tampoco estaría de más tener ejemplos convincentes de aquello que estás comunicando. Cualquier soporte de ayuda será bienvenido. Todas estas cuestiones facilitan que la comunicación sea persuasiva.

Y, muy importante, bajo ningún concepto menosprecies, hagas perder el tiempo o seas intolerante con tu interlocutor. Sólo conduciría a producir el efecto contrario. No es interesante enemistarse con nadie porque nunca se sabe si en el futuro, y con motivo de otras cuestiones, nos vamos a encontrar con la misma persona. Seamos prudentes en ese sentido.

8. **CREDIBILIDAD**

Albert Einstein dijo: *"Cualquiera que no sea cuidadoso con la verdad en los asuntos pequeños, no es digno de confianza en los asuntos importantes"*.

La credibilidad es el elemento fundamental del negocio. Lo más importante que existe de todo cuanto hemos hablado hasta el momento. Sin credibilidad no eres nadie. Ni como agente ni, si me apuras, como nada.

La búsqueda de la credibilidad condiciona todo lo demás. El objetivo último de cada una de las cosas que hay que cuidar y prestar atención es la consecución de la credibilidad. Y ello, de cara a tu público objetivo, conlleva convertirse en una marca. Podríamos decir que **credibilidad es igual a generación de marca**.

Además, dicha credibilidad va construyendo tu reputación. Oprah Winfrey lo decía: *"Al final, lo que tienes es tu reputación"*. La confianza que deposita en ti el mercado tiene que ver de forma directa con tu marca o tu reputación. Cuídala como si fuera tu mayor tesoro. No banalices sobre este tema. No me cansaré de repetirlo. Tu reputación son las miguitas de pan que vas dejando tras de ti. La gente aborrece la incertidumbre. Busca cosas previsibles y predecibles. Por lo tanto, **primero produce y después gestiona una carrera de previsibilidad y predictibilidad positiva**. Conseguirlo lleva años pero es una cuestión obligatoria llegar a conseguirlo. Cuando digas que vas a hacer una cosa, hazla. Cuando digas que vas a llamar, llama. Cumple con tus compromisos. Siempre. A pesar de que parezca que no vas a sacar por ello un beneficio directo en el corto plazo, no pasa nada, hazlo. Comprométete con tus compromisos. Interesa el largo plazo. Es una carrera de fondo. Tu credibilidad y reputación son tu mejor carta de presentación. Ellas hablarán por ti sin que estés. Generarán un flujo de boca a oreja.

Aplica la "regla de los diez años". Esta regla dice que ante circunstancias en las que no sabes muy bien qué hacer, por dónde tirar, pienses lo siguiente: "Dentro de diez años, ¿qué me alegrará haber hecho? La decisión que tomes siempre será la correcta.

Sé congruente. Que no exista una divergencia entre lo que dices y lo que haces. Y que lo que dices siempre lo hagas. No pueden existir diferencias entre tus intenciones y tu comportamiento. Warren Buffet decía: *"Busco tres cosas para contratar a una persona. La primera es la integridad personal. La segunda es la inteligencia y la tercera, un gran nivel de energía. Pero si no tienes la primera las otras dos acaban matándote"*. Pues eso. Hay que poseer una base de principios y de valores. Vivir con arreglo a ellos. Y transmitirlos.

Lo que haces es más importante que lo que dices, pero más importante que lo que haces son las interpretaciones de esos hechos. **Lo más trascendental no son los hechos sino las interpretaciones de esos hechos**.

Todo el mundo sintetiza todo lo que ve y oye en función de su "mapa mental". Sus paradigmas. Por tanto, la credibilidad estará estrechamente ligada a lo que cada persona entienda que son las prioridades del que tiene enfrente. **No es lo que haces, es lo que la otra persona entienda que haces**. Son las intenciones que la contraparte crea que tenemos lo que determinará su conducta. No se trata de las intenciones reales. Se trata de las intenciones supuestas. **Y la persona (o tu cliente potencial) creerá que tienes unas intenciones y no otras en función de lo que ella crea que son tus motivaciones**.

Por tanto, cuida este aspecto. Preocúpate de verdad por los intereses que mueven a la otra parte. Pero de verdad. Como agente de futbolistas, no es lo mismo que tu potencial cliente crea que tu motivación es hacer dinero, en lugar de ayudar. Recuerda que a nadie le importa lo tuyo. A cada uno le importa lo suyo. Céntrate en ayudar y te ayudarán. Pero hazlo de verdad. Las personas siempre detectan a los farsantes. Y ayuda con una conducta apropiada. **La conducta no deja ser la manifestación de las intenciones y prioridades**.

Más cuestiones. Las personas capaces inspiran, luego cultívate de forma permanente. No existe una fecha de caducidad para el aprendizaje. El reciclaje debe ser constante. Como dijo David Maister: *"El conocimiento y la habilidad, como todos los activos, se devalúan con una sorprendente rapidez"*. Y tú eres tu mayor activo. Aprovecha tus puntos fuertes. Fortalécelos más si cabe, y establece un objetivo. Establece con determinación a dónde quieres ir. A dónde quieres llegar. ¡Y comprométete con tu meta!

En el supuesto de que te cueste cumplir tus compromisos, céntrate en aumentar tu integridad, en prestar especial atención al beneficio mutuo. Cuando adoptes esta postura de aprendizaje, realízala en repetidas ocasiones. De esta manera acabará convirtiéndose en un hábito.

9. <u>NEGOCIACIÓN</u>

"Lo más importante en una negociación es escuchar lo que no se dice". Peter Drucker

La negociación en el ámbito futbolístico tiene cuestiones muy propias y llamativas. Generalmente en los escenarios de negociación existe una persona que quiere algo en unas determinadas condiciones y otra dispuesta dárselo a cambio de otra serie de condiciones, que generalmente no

47

concuerdan con las del potencial comprador. Por tanto, la negociación consiste en llegar a un punto de acuerdo. Nada nuevo hasta aquí.

Pues bien, en el fútbol muy frecuentemente, es más, diría casi siempre, esto no se suele dar así. **En el fútbol hay un club que quiere comprar, pero hay un club, ¡que no quiere vender!** ¿Te has parado a pensar en el grado de dificultad que conlleva esto? ¿Cómo se puede negociar con alguien cuando no quiere desprenderse de un activo? Ahí radica la dificultad.

Añadamos además que el objeto fruto de la transacción no es un ser inerte, es un ser vivo, una persona pensante, que tiene su propia opinión de todo lo que le rodea y que además no se mueve solo. Tiene familia, mujer e hijos, con todo lo que ello supone: cambio de país, de residencia, de costumbres, amigos, colegio, etc. No es una cuestión fácil. El jugador simplemente querrá que se le mejoren las condiciones de forma que le merezcan la pena semejantes inconvenientes. A la gente normal le supone un estrés adicional barajar la posibilidad de dar un giro de 180 grados a su vida. Con un futbolista pasa lo mismo.

Entonces, recapitulemos. Tenemos un escenario donde se encuentran el club comprador, el club vendedor (que no quiere vender), el jugador con toda su familia (que lo único que quiere es mejorar y que no le mareen demasiado) y el agente.

¿Y cuál es tu papel como agente en todo este entremado? **Tu papel como agente es el de lubricante, engrasador, moderador de emociones**. En estas situaciones no sólo tienes que velar por los intereses de tu cliente, que también, sino que para que los deseos de tu cliente se realicen tienes que llevar a cabo una ardua labor de engranaje entre las distintas partes. Dar cera, pulir cera, que diría el Sr. Miyagi de Karate Kid.

No olvides que el comprador quiere hacerse con un jugador pagando lo menos posible y el vendedor, no sólo no lo quiere vender caro, ¡directamente muchas veces no lo quiere vender! Y el jugador interesado en mejorar y en que no lo incomoden.

Habitualmente se piensa que en una negociación hay que aunar peticiones, posiciones, si se prefiere, cuando en realidad no es así. **Lo que realmente tienes que conciliar son intereses**. Las peticiones y las posiciones son fruto de los intereses.

En muchos casos se rompen las negociaciones porque las personas se empecinan en las peticiones en lugar de atender a los intereses. En realidad lo que hay que preguntarse es: ¿Por qué esta persona me está pidiendo eso? ¿Porqué esta misma persona no me quiere conceder esto otro?

La negociación es un juego de intercambio. Cuando una persona acepta, sin más, una petición, eso no es una negociación, eso es otra cosa. Llámala aceptación, rendición, lo que mejor te parezca. Negociar es intercambiar. **Y en ese juego de intercambio es crucial preguntar**.

En primer lugar, tienes que preguntar para ir más allá de las peticiones. Para que puedas saber qué intereses motivan esas peticiones. Quizás esos intereses se pueden ver satisfechos con otras cuestiones que puedas ofrecer. Tienes que preguntar. **Quién pregunta lleva la iniciativa**.

En muchísimas ocasiones con el simple hecho de preguntar la otra parte va soltando información que de otro modo jamás te diría y que resulta fundamental para conocer los intereses subyacentes. Deja que hablen, que hablen hasta el final.

Tampoco tiene que ser una cuestión de precio exclusivamente. A la hora de afrontar una negociación **debes ser lo más flexible posible**. Si te sientas en una mesa de negociación con una única variable negociable, el precio, la rigidez de la negociación será absoluta y muy posiblemente se estancará. O lo que es peor, entrarás dentro de lo que comúnmente conocemos como regateo. No te interesa. Eso no es negociar. Eso es sucumbir ante el interés del otro sin prestar atención a tus propios intereses. Saldrás de la mesa de negociación y el otro habrá ganado. Y tú estarás por ello insatisfecho porque serás consciente de que has perdido.

No se trata de ganar o perder, se trata de que ambas partes tengáis la sensación de haber ganado. Y eso se lo logra mediante el intercambio de variables negociables. El precio es una, pero existen multitud de ellas. Sólo tienes que ser creativo para prepararte una lista con varias variables negociables por orden de prioridad, de la más a la menos importante. Y teniendo perfectamente claro en qué rango te puedes mover en cada una de las variables. De tal forma que a la hora de negociar puedas echar mano de las variables de manera sucesiva a medida que se negocian.

Es posible que existan variables que no te interese intercambiar. Si es así, salta a la siguiente variable de la lista. En muchas ocasiones estarás ante situaciones donde tú tienes verdadero interés en alguna cuestión que para ti es muy importante y te encuentras que la otra parte te la concede a cambio de algo que para ti no es importante. Esto sucede en muchas ocasiones.

Las negociaciones se ganan antes de sentarse, no en la mesa de negociación. Prepara la estrategia con anterioridad, rellenando al máximo posible tu lista de variables negociables, de tal forma que nada te pueda pillar por sorpresa y que la creatividad fomentada en la preparación te permita no enquistarte en situaciones concretas.

Hay tres conceptos vitales que son: preparación, preparación y preparación. Si actúas sobre la marcha no sabrás nunca qué quieres, ni cómo conseguirlo, de tal manera que te doblegarás a las peticiones de la otra parte sin tan quiera darte cuenta de que estás perdiendo con la operación.

Por lo tanto, en lo que te ocupa, como agente tienes que tener clarísimo cuáles son los intereses de cada parte presente en la negociación. El comprador quiere comprar un jugador. La petición es el jugador pero el interés puede ser reforzar una demarcación. El club vendedor no quiere vender. Es posible que su petición sea que el club comprador deje de intentar hacerse con el jugador. Sin embargo, su interés puede ser que no puede disponer en el corto plazo, y a un precio asequible, de un jugador para reemplazarlo. Después te encuentras con el jugador que posiblemente sea reacio a un cambio de club a cambio únicamente de un gran aumento salarial. Igual su interés no es solamente el dinero. Es posible que vea por su familia y esté especialmente preocupado por dónde va a vivir en su nuevo club, a qué colegio va a asistir su hija y qué tipo de vida va a llevar su mujer. Es decir, en el caso de este jugador si sólo nos ceñimos al salario es posible que no le interese. Sin embargo, por un incremento salarial menor pero una mejora en otro tipo de condiciones: colegio, casa, zona residencial, etc., el jugador sí que esté más por la labor. Pero para ello hay que preguntar. Insisto.

Si el club vendedor no quiere deshacerse de su jugador por su imposibilidad para encontrar a alguien, tú como agente puedes buscar soluciones para dar respuesta a ese interés, que no petición, para que su disposición para desprenderse del jugador sea mayor.

De igual manera, si el club comprador se interesa por conocer cuál es el interés subyacente del club vendedor que ha motivado su decisión de no vender, es posible que pueda adoptar soluciones más o menos creativas, incluyendo una serie de jugadores en el traspaso, por ejemplo, que solucionen esos intereses que respaldan las peticiones.

Si hablamos de dinero y, por ejemplo, un club pide 20 y el otro ofrece 15, es posible que el motivo de desacuerdo no sea una cuestión puramente de cifras. Hay que preguntar y llegar al interés. Conviene saber por qué un club no quiere dar más de 15 y el otro no quiere aceptar menos de 20. Se puede dar la situación de que el club no pueda ofrecer más de 15 ahora porque está metido en otras operaciones de traspaso, aunque sí que los podría ofrecer más adelante. Estaríamos hablando entonces de un problema de plazos y no tanto de cifras. Por tanto, una vez conocido el interés que subyace, el club vendedor podría acomodarse a esta nueva realidad e incluir cláusulas adicionales que permitiesen aunar intereses, como cantidades variables en función de objetivos, porcentaje de plusvalías en futuros traspasos, etc.

En el lado opuesto, es posible que tras una petición de 20 haya un interés que va más allá del propio jugador objeto del traspaso. Pudiera darse el caso de que con esa cantidad el club esté planteándose la posibilidad de hacer frente a la compra de un jugador que milita en un tercer equipo, y que este tercer equipo esté pidiendo esa cantidad. Y aquí es donde podrías entrar tú como agente. ¿Cómo? Buscando un jugador para ese tercer equipo, de acuerdo a sus pretensiones, que permita flexibilizar a la baja su posición respecto a su exigencia. Lo que a su vez provocara un descenso en la petición del segundo club, pudiendo así aproximar su petición inicial de 20 al precio ofertado de 15. ¿Te parece una buena solución? ¿Se entiende?

Reitero en que para conocer la realidad tienes que profundizar. Y eso se hace a través de las preguntas.

Como se ve es un tema de preparación. Es clave. Una cuestión de creatividad. Es decir, de buscar unidades negociables e intercambiables.

En este aspecto también debes tener templanza. Esto es, no mezcles lo profesional con lo personal. No te dejes influenciar por las posiciones de la otra parte. Una cosa son las posiciones que se adoptan y otra muy distinta la persona. No mezcles y todo irá bien.

Y no es menos cierto que también es una cuestión de tiempo. El tiempo puede ser tu mayor aliado y tu mayor enemigo. Indistintamente. Será tu enemigo cuando negocies con premura. Aquel que no tenga prisa tendrá un punto a su favor. Nunca negocies con prisa. Nunca aceptes posiciones de la otra parte que te obliguen o te inviten a tomar decisiones rápidas.

Tampoco es cuestión de desarrollar aquí todas las técnicas de negociación. Existen multitud de libros sobre ello. Mi objetivo no es otro que ofrecerte una serie de pinceladas que te puedan ser de ayuda y que te sirvan para clarificar un poco más las especificidades de esta materia en la profesión de agente.

10. CONTRATOS

Un contrato puede ser verbal o escrito. Samuel Goldwyn decía que: *"Un contrato verbal no vale ni el papel en que se escribe"*. Por lo tanto, le haré caso y me referiré a los contratos escritos. ¿Sobre qué? Sobre contratos de futbolistas. ¿Sobre qué variables? Sobre lo que se quiera. Existen cuestiones tipo que se recogen en todos los contratos futbolísticos. Sin embargo para todo lo demás, habilidad libre. Creatividad al poder. Entraríamos dentro de lo que es puramente la negociación del contrato.

Un contrato entre un club y un futbolista es un contrato de contingencias. Absolutamente. El contrato de contingencias vendría a ser en sentido coloquial un contrato del tipo **"si pasa esto, entonces lo otro"**. Te explicaré por qué es así.

Salvo las cuestiones tipo, esto es, nombres, sueldo ficha, cláusula de rescisión (en España), órganos jurisdiccionales, etc., prácticamente todas las cláusulas que se introducen son de contingencia.

Es cierto que los jugadores y los entrenadores se quieren asegurar unos mínimos. Sin embargo, la posición del club también tiene que prestar atención a otras cuestiones. Un club puede tener una idea del rendimiento que va a tener un jugador. Pero no lo sabe a ciencia cierta. Por lo tanto, se incluyen una serie de cláusulas variables que pueden suponer un incremento muy cuantioso para el jugador pero que se adaptan muy bien a las contingencias. Si marcas tantos goles, tanto más. Si te dan el Balón de Oro, tanto más. Y así sucesivamente.

El incremento salarial del jugador está estrechamente relacionado por cómo afecta su rendimiento a la tesorería del club. Por cuestiones que bien pudieran estar relacionadas con resultados deportivos, publicidad, e incrementos asociados al aumento de la notoriedad fruto del comportamiento profesional del jugador.

Más allá de estas cuestiones, las variables susceptibles de ser negociadas, y que tendrán como resultado las respectivas cláusulas, tienden al infinito. Absolutamente todo se puede negociar. Es crucial la flexibilización de dichas variables.

A este respecto, hago especial énfasis en las cláusulas de rescisión. Una variable que es muy susceptible a la flexibilización, aunque esta forma de entenderlo no se prodigue demasiado. Una flexibilización supeditada al rendimiento, de lo que, por otra parte, también dependen directamente otra serie de variables. ¿Por qué la cláusula de rescisión tiene que ser una cantidad fija? Las cláusulas están íntimamente ligadas al contrato y a la valía del jugador. Por tanto, en un contrato de contingencias, es presumible que a menor rendimiento, menor retribución, y, en consecuencia, a menor retribución el valor de la cuantía de la cláusula de rescisión también se tendría que reducir.

Si dicha cláusula de rescisión está íntimamente ligada a un contrato de variables que fluctúa en función del rendimiento del jugador, la cláusula también debiera fluctuar en consonancia. Tendría que estar asociada a los logros y al rendimiento del jugador, al igual que lo hacen las cláusulas del contrato. Si el jugador lo hace muy bien, la cláusula sube, si lo hace mal, baja.

En caso de lesión el tema es parecido. Un jugador no puede valer lo mismo si juega y destaca que si se pasa toda la temporada lesionado.

La rigidez de las cláusulas de rescisión me parece extemporánea. Su inclusión debería también conllevar siempre una cláusula de ruptura unilateral del contrato por parte del club. Y no siempre se hace.

Concluyendo, en lo relativo a contratos todo es cuestión de cuan creativos seáis cada una de las partes, tal y como he comentado en el capítulo anterior.

Quiero comentarte, no obstante, una cuestión que me parece interesante. No deja de ser una sugerencia. **Se trata de que, en la medida de lo posible, minimices las unidades negociables**. Negocia en función de los minutos, mejor que en función de partidos. Negocia en función de partidos, mejor que por bloques de cinco. Y así para todas aquellas cuestiones que consideres conveniente. De la misma manera que en el mundo "normal" es mejor negociar por día en lugar de por mes, y, a su vez, por hora, mucho mejor que por día. Generalmente cuando se tiende a la minimización de las unidades negociables la cifra final resultante suele ser superior. Hay casos de todo tipo, pero suele ser así. Los peluqueros lo saben muy bien cuando añaden al precio final pequeñas cuestiones que encarecen el producto: champú, vitaminas, acondicionador, etc.

11. ACTIVIDADES COLATERALES

Con actividades colaterales me refiero a cuestiones como la publicidad y los derechos de imagen. Generalmente los contratos de derechos de imagen que un club realiza con un jugador tienen una doble finalidad. Por un lado pretenden llegar a un determinado salario neto para el jugador con el menor coste fiscal posible. Recordemos que en este sentido el jugador tributaría por el impuesto de sociedades en lugar de por el IRPF. Estos contratos se suelen realizar con sociedades mercantiles propiedad del propio jugador. En los últimos años se está prestando especial atención a esta maniobra por parte de las autoridades, y se han producido modificaciones en los topes permitidos a pagar por este concepto. Pero no quiero aburrirte con cuestiones de este tipo. Sería más conveniente dejarlo para otro momento.

Por otro lado, el motivo por el que se negocia habitualmente el reparto en los derechos de imagen entre el club y el jugador responde a una sencilla razón. El club considera que el jugador se verá beneficiado desde el punto de vista publicitario por el mero hecho de ser futbolista de ese club. Por tanto, el club entiende justo recibir una porción de ese pastel como compensación. El club lo entiende como un elemento más que facilita su ROI (Retorno sobre la inversión). El club recupera parte de la inversión realizada a través de los ingresos asociados a la imagen del jugador por medio de contratos de publicidad e imagen.

Te aconsejo que prestes especial atención a las connotaciones fiscales que derivan de los derechos de imagen. Es bien sabido que a día de hoy se sigue con especial diligencia esta serie de cuestiones por parte de las autoridades con el objetivo de evitar el fraude.

Como agente que asesoras a personas que comúnmente atesoran cierta popularidad, debes reparar en que **el grado** de notoriedad de tu cliente es directamente proporcional al grado de responsabilidad social y fiscal que éste debe tener. Como resultado, hay que aumentar el grado de vigilancia ante tales asuntos. No olvides que las figuras que asesoras se sitúan en el vértice de la pirámide. Son la parte visible del iceberg. Muy frecuentemente, actúan de reclamo de cara a las autoridades que ven las inspecciones de este perfil de personas como el objetivo perfecto para adoptar posturas ejemplarizantes. Tienes que ser especialmente consciente de ello. Lo contrario sería muy poco profesional.

Cuida los detalles y la imagen global que proyectáis, tanto tú como tus clientes.

12. GESTIÓN DEL PATRIMONIO

Cuando leo cuestiones como la que a continuación voy a comentarte llego de manera irremediable a la conclusión de que algo se está haciendo mal. Qué hay algo que tenemos que cambiar. Y no sólo eso. De hecho soy de los que piensa que, de forma habitual, las personas que formamos parte de este mundo no tenemos la más mínima idea de lo que se está gestando en la actualidad.

El desconocimiento, el egoísmo y el cortoplacismo son enemigos íntimos de los futbolistas. El egoísmo y el corto plazo son tentaciones que les rondan. **Según un estudio de Schips Finanz un 30% de los jugadores en activo está en la ruina y un 50% están arruinados cuando termina su**

carrera. Puede parecer sorprendente para algunos pero no lo es.

Cuando hablamos de jugadores de fútbol hablamos generalmente de gente que a una edad muy temprana pasan, muchos de ellos, de no tener nada a tenerlo prácticamente todo. Y el hecho de tener los bolsillos llenos en muchas ocasiones nubla la visión y hace que muchos jugadores se cieguen y pierdan la perspectiva. El cortoplacismo y el hedonismo se apoderan de ellos. Tan malo es no tener nada como tener mucho y no tener la más mínima capacidad para gestionarlo. Generalmente cuando uno no es consciente del esfuerzo que conlleva la ganancia de dinero (porque lo han ganado de golpe, por ejemplo) tiende a dilapidarlo de igual manera.

La escasa educación financiera que por lo general atesoran los futbolistas tampoco ayuda demasiado, y ese desconocimiento actúa a modo de reclamo para ciertas malas compañías que, tildándose de asesores de todo tipo o inversores experimentados, embaucan a los jugadores con el único objetivo de hacer negocio… para ellos.

Te insistiré todo lo que sea necesario para defender mi tesis personal de que, a pesar de no tener que ser especialistas financieros, ni legales, ni laborales ni tampoco fiscales, es de crucial importancia que el jugador disponga de un "baño" general en todas esas cuestiones a fin de evitar malos pasajes como los que ocurren más veces de las deseables.

Por ello en este apartado intentaré darte una visión de lo que yo entiendo debe ser una gestión del patrimonio adecuada, rentable y con vistas al largo plazo. Intentaré no ser muy técnico a pesar de que en ocasiones pueda parecerlo. Te pido perdón por ello de antemano. Sin embargo, considero que es trascendental exponerte aquí ciertas consideraciones que, estoy seguro, te serán muy de provecho de cara a la gestión patrimonial de tus clientes y también, por qué no decirlo, de tus finanzas personales.

Todo el mundo es consciente de que la duración de la carrera deportiva de un deportista es muy corta en relación a las demás carreras convencionales. Lo sabes tú y lo sabe todo el mundo. Siendo esto así, esta idea debería estar grabada a fuego en el subconsciente de cualquier buen asesor que se precie. Y voy más allá. Debería instalarse también en el subconsciente de tu cliente. Elige la forma adecuada para hacerlo: a través de la llamada "lluvia fina" (dosis reducidas de forma escalada y recurrente), siendo pesado, en fin, la forma que entiendas mejor. Pero que no se te olvide que el fin último debe ser el posicionamiento de esta idea en la mente de todos. Es importante hacerlo porque esta idea condiciona todo lo demás.

En este sentido, no se puede pensar que si un futbolista, por ejemplo, gana dos millones de euros al año esta cifra se corresponde con sus ingresos anuales. Apostillo. Es cierto que lo es, pero no del todo. Intentaré explicártelo a continuación.

Los ingresos anuales de un futbolista, por razón de su corta carrera, para contabilizarlos bien desde el punto de vista práctico hay que diferirlos en el tiempo. Periodificarlos. La esperanza de vida en el hombre ronda los 80 años. Sin embargo, todavía está por ver el futbolista que llegue a esa edad en activo. Por tanto, atribuir los ingresos al ejercicio económico en el que se obtienen podría entrar dentro de lo que podríamos llamar ficción. Sí, has escuchado bien. Ficción. La realidad es que no debiera ser así.

No pretendo con este libro cambiar todos tus paradigmas. Nada más lejos de la realidad. Simplemente quiero hacerte partícipe de lo que pienso. Tal como señala el estudio de Schips cerca del 30% de los jugadores en activo está en la ruina. Todavía te preguntarás, ¿pero cómo puede ser eso si muchos de ellos cobran millonadas y los que no lo hacen tampoco es que cobren un mal sueldo? ¿Decir eso supone que el común de los mortales también está en la ruina? Pues te diré una cosa. No. No tiene nada que ver. Pero absolutamente nada. **¡Tener muchos ingresos no supone ser rico!** Ni mucho menos.

La riqueza tiene mucho más que ver con la cantidad que te gastas (y que te quedas), que con los ingresos. La riqueza tiene fundamentalmente que ver con la libertad financiera. Tiene que ver con el tiempo. Te lo explicaré.

Una definición de riqueza pudiera ser el tiempo que puedes vivir con tus gastos mensuales habituales si dejases de trabajar hoy. Es por ello que en cierta media la riqueza se mide en días, en meses o en años. Pudiendo incluso tender al infinito.

Una persona que ingresa muchos millones de euros puede ser pobre. Si de forma anual ganas dos millones pero gastas 2,2 millones podemos decir que tu riqueza es negativa. Es más, si tu nivel de gasto es de 1,8 entrarías a formar parte de la clase media. ¿Por qué? Porque tu riqueza sería de prácticamente un mes. Es decir, si a día de hoy dejases de trabajar sólo tendrías dinero para un mes más de acuerdo a tus gastos mensuales. ¿Sorprendido? Pues aún hay más.

El empleado normal habitualmente se comporta de manera parecida con los ingresos que obtiene. Puede ganar 1000 y gastar 1200, o gastar 800. Pero el nivel de riqueza en comparación con el futbolista sigue siendo parecido, independientemente de la gran disparidad de ingresos entre uno y otro. Además hay otra cuestión. Se podría decir que con ese mismo ratio de ingreso/gasto el grado de riqueza tiende a ser superior en una persona normal que en un futbolista por una simple cuestión. Mientras una persona normal de la calle trabajará de forma permanente hasta la edad de su jubilación (al paso que vamos ni se podrá jubilar), la vida deportiva de un futbolista se acaba con poco más de 30 años. Luego sus ingresos anuales, a diferencia de los ingresos del común de los mortales, deberían periodificarse, esto es, diferirse en el tiempo. Se trata de un ingreso en un periodo relativamente corto de tiempo y que debe ser suficiente para el resto de sus días.

Muchos futbolistas no lo entienden y no lo quieren entender. Y lo que es peor aún, muchos de sus asesores se despreocupan de esa cuestión porque mientras su cliente les reporte beneficios en el presente, ¿a quién le preocupa el futuro? Eso es una cuestión del propio jugador. Como agente puedes tratar en un futuro con nuevos futbolistas jóvenes. Así piensan muchos. Te pido por favor que no seas tú de esos.

Ahora bien, y todo esto de hacer perdurar los ingresos, el dinero, ¿cómo se hace? Intentaré darte alguna pista.

Aquí es donde tú, como agente responsable que eres, debes jugar un papel primordial. Para explicarlo, en primer lugar me gustaría plantearte qué es lo que hace un empleado común con sus ingresos.

Dentro de la figura del empleado tomaré como ejemplo aquellos que tienden a la pobreza y aquellos que pudieran pertenecer a la clase media.

Digamos que un empleado pobre cuando obtiene la nómina (ingreso) la destina prácticamente toda a gastos de manutención: agua, luz, comida, ropa, etc. Hasta ahí espero que esté todo perfectamente claro.

Las personas empleadas que pertenecen a la clase media tienen un comportamiento un tanto diferente. Un empleado de clase media cuando obtiene la nómina la destina a dos cosas principalmente. La primera de ellas, al igual que las personas pobres, la destina a gastos de manutención. Y en segundo lugar, la destina a pasivos: el coche, la casa, la tarjeta de crédito, etc.

No. No me he confundido. No lo he dicho mal. La casa y el coche no son activos, tal y como todo el mundo piensa. De hecho, generalmente son pasivos. Ahí radica la importancia de tener educación financiera. Y tú, como buen agente que eres, y con el objetivo de asesorar adecuadamente a tus clientes, deberías tener un mínimo de esta educación.

Para dejarlo más o menos claro te diré que a efectos prácticos, que no contables, **un activo es todo aquello que pone dinero en tu bolsillo, y un pasivo es todo aquello que quita dinero de tu bolsillo**.

Por tanto cuando tu adquieres una casa, lo que realmente estás haciendo es adquirir un pasivo porque esa casa te está quitando dinero del bolsillo todos los meses. Lo mismo pasa con el coche. Cuando te compras un coche lo que estás haciendo es adquirir también un pasivo porque las letras del coche te quitarán todos los meses un dinero del bolsillo.

Una casa sólo será un activo cuando te aporte unos flujos de caja superiores a sus gastos. Esto es, cuando compras una casa y la pones en alquiler, tu casa será un activo porque pone dinero todos los meses en tu bolsillo, siempre y cuando la diferencia sea positiva entre lo que ingresas en concepto de alquiler y los gastos que dicha propiedad te suponga. De igual manera, un coche será un activo si lo alquilas y obtienes una renta regular por él superior a los gastos que conlleva.

Una casa con hipoteca y no alquilada siempre será un pasivo. La gente puede decir que es un activo porque la puedes vender. Pero lo único cierto es que mientras la hipoteca solicitada es estanca e inmodificable, el precio del bien puede fluctuar. Así, se puede correr el riesgo de estar en una coyuntura económica a la baja y verse obligado a vender la casa. En este caso se corre el riesgo de obtener una cantidad por la casa inferior a la obligación adquirida en su día. Con el apunte adicional que cuando contratas una hipoteca puedes llegar a pagar incluso el doble del precio de la casa en función de los intereses a pagar. Tienes que tener cuidado con eso.

Cuando una persona de clase media compra una casa generalmente lo hace a través de una hipoteca, y la adquiere para vivir en ella. Por lo tanto es un pasivo porque no genera ningún flujo de capital positivo para su bolsillo. La misma cuestión ocurre con el coche y con otros elementos de lujo que los jugadores adquieren habitualmente como prendas de grandes marcas, relojes etc.

Por lo tanto, tal como te he comentado, una persona de clase media destina su nómina mensual a los gastos de manutención habitual y a adquirir pasivos, ya que sus adquisiciones no ponen dinero en sus bolsillos sino que lo sacan.

¿Qué conclusión se puede sacar de todo esto? Pues lo que se podría sacar en claro es que estas personas jamás serán ricas. No por su nivel de ingresos, que puede ser muy importante, si no por su paradigma financiero y su patrón de gasto. Independientemente de lo que ingresen están a escasos meses de la bancarrota porque a mayor nivel de ingreso mayor suele ser también el gasto. Luego siempre estamos igual. Es una falacia pensar que los problemas financieros se arreglan con más ingresos. De hecho suele ocurrir todo lo contrario, empeoran.

La simple posibilidad de que prácticamente todo el mundo esté a escasos meses del colapso financiero supone que prácticamente nadie disponga de libertad financiera. Es decir, casi nadie está en la tesitura de no tener que preocuparse por saber de dónde va a salir su siguiente euro. Muchos están abocados a trabajar por dinero, por lo menos, hasta su jubilación (si es que se pueden jubilar). Y digo por lo menos porque una cosa es la edad legal de jubilación y otra es la edad real. De nada sirve que el estado me diga que me puedo jubilar a los 67 años si con la pensión que recibiré después difícilmente podré vivir. Es decir, me veré obligado a buscarme otro empleo, aunque sea a tiempo parcial, que complemente mi pensión. Si no, difícil.

Con lo cual tenemos, por un lado, a los empleados habituales que gastan más de lo que ingresan, o prácticamente todo lo que ingresan, y además se lo gastan en pasivos. Y por otro, a los futbolistas que aun ingresando en muchos casos infinitamente más que un empleado al uso también destinan el dinero a adquirir pasivos (los innumerables coches son un claro ejemplo de ello). Con una riqueza también de escasos meses y con un agravante importante: que a partir de una cierta edad temprana dejarán de ingresar esas cantidades, tendrán toda la vida por delante todavía y habrán adquirido, si nadie lo ha remediado antes, un hábito de gasto que los conducirá irrefrenablemente a la bancarrota. Podríamos concluir, incluso, que todavía están peor.

Espero que hasta el momento vayas teniendo claro por dónde van los tiros. En las siguientes líneas te explicaré qué es lo que entiendo que tendrías que hacer, en general, y en el asesoramiento futbolístico, en particular.

Para posibilitar que en la medida de lo posible los futbolistas puedan vivir de los ingresos obtenidos a lo largo de su vida deportiva entiendo que hay que hacer lo siguiente.

Por un lado, y lo más fácil, es que debes convencer al futbolista de ser profesional en el **cuidado personal**, en relación a la alimentación y el descanso, con el objetico de prorrogar en la medida de lo posible ese flujo de ingresos extraordinarios (por cuantiosos). No es lo mismo que tu cliente se retire a los 28 que a los 40. Y si no pregúntaselo a Paolo Maldini. Esa es una buena cuestión pero no la única.

En segundo lugar tienes que trabajar con los futbolistas en una **buena planificación financiera**. El objetivo no es otro que el futbolista obtenga la libertad financiera una vez se haya retirado y haya dejado el fútbol en activo.

Para ello es vital conocer de dónde provienen los ingresos que después vamos a invertir o gastar. Lo más normal es que el dinero que invertimos o gastamos provenga de nuestra fuente de ingresos habitual, o lo que es lo mismo, de la nómina. En los futbolistas no es diferente. Cambian las cantidades pero no el patrón. Podemos decir que tanto empleados al uso como futbolistas gastan o invierten el dinero por los ingresos derivados de su trabajo "activo".

¿A qué me refiero con trabajo activo? Me refiero a aquellos ingresos en los que es obligado que tú estés para que se generen. Un empleado para cobrar tiene que ir a su puesto de trabajo a trabajar. Un futbolista para cobrar tiene que ir a entrenar y jugar los partidos. De igual manera, en términos publicitarios, un futbolista, generalmente, para cobrar por una campaña publicitaria tiene que asistir y grabar el spot correspondiente. A eso me refiero con ingreso activo. Tienes que estar para cobrarlo.

Estos ingresos jamás te darán la libertad financiera que perseguimos como buenos agentes. Ni al empleado tradicional ni al futbolista. Un día el futbolista dejará de jugar y entonces qué. ¿De dónde genera ahora sus ingresos?

Es muy posible que puedas estar pensando en estos momentos que el jugador posiblemente haya invertido (habría que ver qué tipo de inversiones, pero ese es otro cantar), o que pudiera en un futuro ejecutar algunas propiedades de lo que él entiende son activos, aunque como he comentado antes lo pueden ser o no.

Si tú compras una casa y esperas que el precio aumente con el objetivo de vender más caro y así obtener una plusvalía. Está bien. Todo el mundo lo hace en la medida de sus posibilidades. A eso lo llamamos ganancia de capital. Es un beneficio extraordinario de una cantidad concreta y puntual. Pero no es lo que yo buscaría.

Yo prefiero mucho más, y espero convencerte, lo que comúnmente se entiende como flujo de capital. ¿Cuál es la diferencia entre ganancia de capital y flujo de capital? Como te he comentado en la venta de un inmueble una plusvalía podría ser una ganancia de capital. Compro barato. Vendo caro. Obtengo un beneficio.

Sin embargo, si en lugar de vender la casa con la intención de obtener una plusvalía la alquilas para obtener una renta, esa renta sería lo que denominamos flujo de capital (cashflow). Y ese flujo será positivo siempre que el ingreso por renta sea superior a todos los gastos derivados del inmueble (hipoteca, seguro, reparaciones, mensualidades impagadas, etc).

A mí me parece mucho más interesante esta segunda opción. ¿A ti no? ¿Por qué? Porque, en primer lugar, si se alquila una vivienda la posibilidad de obtener una ganancia de capital a futuro sigue existiendo. Esta opción no extingue la anterior. Y en segundo lugar, y es lo que me parece más interesante, que el ingreso por renta de alquiler supone un ingreso "pasivo".

¿Qué es un ingreso pasivo? Pues a diferencia del ingreso activo, **un ingreso pasivo es aquel que obtienes de forma recurrente y de forma indefinida sin que uno tenga que ir a trabajar**. Cuando alquilas una vivienda obtienes un ingreso todos los meses sin que tú tengas que estar trabajando. Al principio tendrás que hacer un trabajo para alquilar el piso, pero una vez alquilado el ingreso viene solo de forma recurrente. De una forma parecida se comportan los royalties por derechos de autos en libros, canciones, etc. Se requiere un trabajo inicial más o menos importante pero después, una vez realizado, el ingreso se obtiene trabajes o no trabajes, estés o no estés, estés en un país o en otro, o aún estando en la playa. Los ingresos pasivos se pueden obtener durante las 24 horas del día, los 365 días del año.

De hecho son la única forma que existe de obtener la libertad financiera. A través de los ingresos pasivos. No a través de los ingresos activos. Es posible que te guste tu trabajo y que te guste obtener ingresos activos. Está bien. Pero jamás obtendrás la libertad financiera porque los ingresos están supeditados a tu desempeño, y el esfuerzo tiene un límite así como también lo tienen los días. Está por inventar el día de más de 24 horas. Por lo cual, **tendrás libertad financiera cuando los ingresos pasivos que obtienes sean superiores a tus gastos.**

¿Ya te va quedando más claro cuál es el secreto? No se trata de ingresar mucho. Más bien se trata de ser consciente del gasto y de cómo se generan los ingresos. De cómo decides obtenerlos. A través de tu propia actividad: ingresos activos, o a través de tus activos: ingresos pasivos.

Estos ingresos pasivos generan un flujo de caja recurrente y potencialmente infinito. Los ingresos pasivos se obtienen a través de activos. Un activo es un negocio propio, un libro, una canción, las acciones, etc. En definitiva, todo aquello que te mete dinero en el bolsillo. No es la cuantía que entra en tu bolsillo, si no lo que provoca que entre dinero en él.

Para que tu cliente obtenga la libertad financiera tiene que ser capaz de obtener ingresos pasivos que generen un flujo de caja permanente y recurrente. Ello no es posible si no se dispone de activos. Por lo tanto, **tienes que coleccionar activos bien entendidos. Que te generen renta, flujo de caja**.

Pero lo que suele ocurrir es que las personas no suelen enfocarse en la adquisición o creación de activos. Destinan sus ingresos por trabajo activo a gasto o a la adquisición de pasivos que se traduce a su vez en más gasto. Hay mucha gente que parece que tiene dinero pero en realidad es más pobre que los propios pobres. Mucha gente adquiere pasivos lujosos, como yates y coches, a través de crédito, con lo que al final irá incrementando deuda y sus ingresos irán permanentemente a pagar deuda.

Lo que te recomiendo hacer, tanto a ti como a tus clientes, es que en lugar de comprar cosas, que supongan mero gasto, adquieras activos con los ingresos que obtengas. Activos que generen flujo de capital. Renta. Que generen ingreso pasivo. Con los ingresos pasivos que vayas obteniendo destina parte a gasto convencional y el resto ahorrarlo para destinarlo a su vez a inversión en nuevos activos que generen más flujo y más ingreso pasivo. Y así sucesivamente. Los lujos vendrán después. **Lo conveniente es primero generar el flujo de ingresos pasivos que posibilite darse el capricho. Y no antes.**

Si consigues que tu cliente a medida que va ingresando el dinero por su actividad deportiva, en lugar de destinarlo a adquirir pasivos (como coches y lujos innecesarios) se centre en ir coleccionando activos que le generen un flujo de ingresos pasivos, parte de ellos reinvertibles en más activos, conseguirás que tu cliente tenga la posibilidad de adquirir lujos con los ingresos generados por sus activos a través del flujo de caja, no por su actividad deportiva. Entonces, sólo entonces podrá adquirir lujos sin que se vea comprometida su libertad financiera. Y esta cuestión bien podría aplicarse a todo el mundo. Lo contrario sería pan para hoy hambre para mañana.

Nadie puede ser rico, por mucho dinero que se ingrese, si sus ingresos dependen única y exclusivamente de su trabajo activo porque dicho ingreso activo está delimitado y tiene fecha de caducidad. Esto es lo que muchos futbolistas no saben o no quieren saber. Y lo que muchos asesores que merodean a su alrededor tampoco conocen o interesadamente no les quieren transmitir. Para que nuestro cliente adquiera la libertad financiera una vez finalizada su etapa deportiva el único camino existente es el que acabo de comentar. No hay otro. Ahora ya lo sabes.

Tienes también que prestar especial atención a los activos en los que invierte tu cliente. No invirtamos en cuestiones que no conocemos. Muchos jugadores pierden cantidades ingentes de dinero seducidos por cantos de sirena y se meten en inversiones arriesgadas y que desconocen. Simplemente se fían de lo que se les dice. Como lo desconocen, están obligados a creer todo lo que les cuentan aquellos en los que tiene depositada su confianza. Luego, conseguir la confianza del jugador al precio que sea es la llave de paso para que venga todo lo demás. Lamentablemente, el desconocimiento siempre repercute de forma negativa en aquella gente que es cándida. Y donde más daño hace: en la cartera.

13. RETIRO FUTBOLÍSTICO

Al futbolista el concepto de retiro es algo que le causa verdadero vértigo. Pocos futbolistas se sienten cómodos a medida que se va aproximando el "filo del precipicio". El retiro es algo que todo futbolista prefiere obviar, como si no existiese. Es uno de los motivos principales de autoengaño. Pero que se niegue no quiere decir que no esté. Y ese miedo no tendría que existir. Sólo se me ocurre que existe porque no se han hecho bien las cosas con anterioridad.

Es cierto que lo desconocido causa cierta ansiedad. Verdad. Sin embargo, creo que el miedo que el retiro causa en cualquier futbolista lleva implícita cierta aprensión al desapego de todas esas cosas buenas propias de la profesión, y que el futbolista cree que va a perder. Lo puedo llegar a entender. Pero no hay razón para que esas cosas tengan que desaparecer.

Retirarse del futbol debiera suponer únicamente dejar de darle patadas a un balón, pero las bondades económicas debieran continuar. No tendría que ser de otro modo. Si las cosas, financieramente hablando, se han hecho bien a lo largo de la carrera deportiva del jugador, su libertad financiera debería estar absolutamente garantizada. Al igual que los caprichos, por qué no decirlo.

Para desterrar el miedo al retiro en cualquier jugador hay que, en primer lugar, revisar los párrafos inmediatamente anteriores a éste relativos a la planificación financiera. Y en segundo lugar, alejar de nuestro pensamiento la creencia de que nuestro bienestar en la jubilación depende directamente de cuál ha sido nuestra capacidad de ahorro. Este pensamiento es muy común en todo el mundo. Seas futbolista o no.

Voy a hacer un alegato en favor de la deuda. Cuando digo que la gente asocia retiro a capacidad de ahorro, de lo que de verdad estamos hablando es de capital. El ahorro es capital. Capital puro. El problema que tiene el capital es que es el que es. No hay más. Y a la gente le entran sudores fríos por ello. ¿A ti no?

Yo voy a contraponer deuda y capital. Sigue leyendo y verás por qué.

He hablado de libertad financiera, de ingresos pasivos, de lo que es un activo o un pasivo, de flujo de capital, etc. Como asesor de futbolistas tienes que ser inteligente financieramente hablando. ¿Sí tú no lo eres y no te aplicas el cuento, cómo pretendes que alguien más confíe en ti?

Como he dicho, un buen planteamiento financiero durante la carrera del futbolista consiste en entender que un futbolista que gana mucho dinero debe destinar el dinero que gana a invertir en activos que generen flujos de capital pasivos recurrentes e infinitos. Una vez generado el flujo vendrá el lujo, como se suele decir. No es cuestión de tener ingresos. ¡La clave es saber de dónde viene ese dinero y durante cuánto tiempo más durará esa entrada de dinero! Esa es la clave. Espero que poco a poco me vayas entendiendo.

Si te gastas en lujos el dinero que te pagan por la ficha, tus lujos durarán lo que dure tu ficha. Sin embargo, si el dinero que te gastas en lujos proviene de un flujo de capital pasivo e indefinido, el mismo lujo lo podrás mantener durante el mismo tiempo que la procedencia del ingreso que lo paga. Esto es, de forma indefinida. ¿Me has entendido por dónde van los tiros?

¿Y por qué te hablo de deuda vs capital? Porque si se ha hecho lo que he explicado, y si, por ejemplo, el futbolista y tú mismo habéis invertido en bienes raíces para alquilar, que os proporcionan una serie de flujos de capital pasivos que no están delimitados en el tiempo, no vais a tener ningún problema para que os den crédito. A ninguno de los dos. Es decir, no dependéis exclusivamente del capital propio, del ahorro, porque generáis ingresos pasivos, y además, iréis al banco y estarán encantados de prestaros dinero… ¡porque tenéis activos! A eso yo le llamo adquirir deuda buena.

Alguien se preguntará, ¿por qué tengo que adquirir deuda? Pues porque existe deuda buena y deuda mala. Todo depende de la formación financiera que uno tenga. **Deuda mala es aquella que la pagas tú, y deuda buena es aquella que la pagan otros.** ¿Lo ves? Como futbolista, comienzas con una ficha importante, la destinas a activos que te generen flujos de capital pasivo, gastas parte del dinero de esos flujos en lo que quieras y resto lo vuelves a invertir en más activos que generen más flujo. Cuando el futbolista se retira su flujo de caja estará asegurado de manera indefinida fruto de haber coleccionado activos. Activos que, por otra parte, darán absoluta confianza a tu banco para prestarte más dinero para que lo inviertas en más activos que te generen nuevos flujos de capital positivos, es decir, que te da un remanente una vez deducidos los gastos asociados a la adquisición del dinero. Y así sucesivamente. Espero que aún hay más.

Entonces, ¿por qué limitarse simplemente a ahorrar? ¿Por qué retirarse con dinero propio cuando uno puede retirarse con dinero de otro adquiriendo deuda buena? Aprovechemos el apalancamiento, esto es, la posibilidad de hacer más con menos. El ahorro es definido y no da tanta seguridad a los bancos. Espero haber sido claro a este respecto. Por tanto, si una vez retirado los bancos te siguen prestando dinero querrá decir que has hecho las cosas bien. Y si adquieres deuda, asegúrate de que sea "deuda buena".

Como gran agente que eres predica con el ejemplo. No te quedes con el consejo fácil. La gente se creerá lo que ve en ti, no lo que les dices.

PARTE III - LO QUE UN AGENTE DE FUTBOLISTAS DEBE SABER

Lo que un agente de jugadores no puede ser es ignorante. De verdad te pido por favor que no lo seas. Son muchos los que se ven atraídos por este negocio únicamente por lo que creen que va a ser dinero fácil. No pueden estar más equivocados. La formación multidisciplinar tiene que ser lo más amplia posible, independientemente de si después vas a recurrir a gente mucho más especializada que tú en los diferentes terrenos. Es importante que te metas esto en la cabeza.

Debes saber, conocer, formarte, estar a la última. Tus clientes confían en ti y no les puedes defraudar. Debes conocer las diferentes variantes que se pueden dar y saber desenvolverte en ellas. No hay que olvidar que hacia ti van a girar todas las miradas cuando sucedan los imprevistos o los reveses. Es como si fueras el bolso de Mary Poppins. ¿Te acuerdas de la película? En lugar de sacar artículos de un bolso de forma infinita, tienes que sacar soluciones y con la misma fluidez con la que sacaba Mary Poppins artilugios de su bolso de viaje. Si lo haces así serás un agente "supercalifrajilisticoespialidoso". No te quepa duda.

Tienes que especializarte, sí. Pero tienes que hacerlo en la actividad que vas a realizar. En tu cliente potencial. Esto es, agente o representante de futbolistas. Es muy frecuente encontrarse a una multitud de gente que son oficialmente agentes de jugadores pero que en realidad no están centrados en esta actividad. Sin embargo, dentro de dicha actividad, de dicha especialización, hay que tener una formación de base lo más amplia posible. Multidisciplinar desde el punto de vista "económico-legal-futbolístico".

Bien es cierto, que los inicios no son fáciles (qué te puedo decir que tú no sepas), pero esos inicios complicados se prolongarán, o peor aún, no llegarán a su fin si no te centras en esta actividad. Ser agente no es cuestión sólo de que vayas a ver una serie de partidos en tu tiempo libre, ver a buenos jugadores y hablar con ellos o con sus padres. Algo hay de eso, pero no es suficiente. **Si de verdad quieres ser agente, comprométete. Mentalízate de que esta profesión es una carrera de larga distancia. De resistencia.** Hay que ser consciente de ello. Lo contario sería engañarse.

Lo que no puede ser es que uno quiera ser agente por si suena la flauta. Uno se dedica a sus deberes y después se dedica a "entrometerse" para ver si hay suerte y cae algo. Eso a mí no me vale y genera mala reputación a la profesión. En sentido figurado, es como si en un trasvase de agua de un punto a otro existiese un número de gente por la mitad a la espera de recoger las gotas que puedan ir cayendo. Ser un buen agente significa formar parte activa de la creación del trasvase. Y no sólo de la creación, sino además ser una referencia para poder decir desde qué punto y hasta dónde se debe efectuar dicho trasvase. ¿Vas entendiendo por dónde voy?

1. **DO YOU SPEAK ENGLISH?**

Te he hablado de apalancamiento. Y lo he definido como la capacidad de hacer más con menos. ¿Quieres un ejemplo? Te daré uno: David y Goliat. Para derrotar a Goliat, David tuvo que recurrir también al apalancamiento. Tenía que hacer más (derrotarle) y hacerlo en inferioridad de condiciones, debido a que David era menos corpulento que Goliat. Sin embargo, David pudo con él. ¿Cómo lo hizo? ¡Utilizando una honda! Volteándola para que adquiriese velocidad en el lanzamiento. ¡Apalancándose!

En el mundo financiero es muy común el uso del término apalancamiento (apalancamiento financiero). Para que tengas una idea te diré que tiene que ver con la obtención de un beneficio utilizando recursos ajenos. Un ejemplo. Empieza por ponerte en situación. Imagínate que quieres invertir en un inmueble para alquilar o para venderlo después. Si te apalancas, con una entrada y adquiriendo un préstamo bancario, puedes hacer frente a la inversión, para después obtener una rentabilidad. Eso es apalancamiento. Utilizas recursos ajenos (dinero del banco) para obtener un beneficio. Sin apalancamiento sería mucho más difícil hacer frente a dicha inversión, y por consiguiente, a su futura rentabilidad. ¿Me explico bien?

Otro ejemplo de apalancamiento es la tecnología. Internet es un claro ejemplo de ello. Puedes hacer muchísimo con muy poco esfuerzo y en muy poco tiempo. Véase el caso del correo electrónico, por ejemplo.

¿Y qué me dices de los idiomas? ¿El conocimiento de idiomas podríamos entenderlo como otro tipo de apalancamiento? ¡Pues claro que sí! Si te parece, lo podríamos llamar "apalancamiento idiomático". Si únicamente hablas un idioma, castellano por ejemplo, estás acotando tu público objetivo. Todo se ceñirá a aquellos que hablen tu idioma, a la vez que levantará muros respecto a aquellos que no lo hagan. ¿Qué pasa si además de castellano hablas inglés? Pues que a nada que aprendas un idioma más tu público objetivo se amplía significativamente. ¡Entre 300 y 400 millones de personas tienen el inglés como lengua materna! Fíjate el incremento de las personas a las que puedes acceder aprendiendo un único idioma más. ¿Y si aprendieses chino? Imagínate. Creo que queda claro, ¿no?

Con los idiomas podemos maximizar el ratio coste/beneficio, y cuando digo coste me refiero, en general, tanto a coste económico como a coste en esfuerzo. Por lo tanto, evita ser un "tullido idiomático" (entiéndeme la expresión, no quiero ser irrespetuoso con nadie). Despójate de la pereza y aprende idiomas. En un mundo tan globalizado como el fútbol, saber idiomas es muy aconsejable y muy deseable. Pero saber inglés es básico. Como en todos los órdenes de la vida, a día de hoy es crucial saber inglés. Sin embargo, te recomiendo vehementemente que no te quedes ahí y vayas aprendiendo idiomas en la medida de tus posibilidades. A mí, como agente, me ha ayudado mucho. Es más, me parece prioritario. No me imagino desarrollar esta actividad sin saber inglés.

2. DISCRECIÓN

"Ten más de lo que muestras; habla menos de lo que sabes". William Shakespeare

Sé sensato. Aplica el sentido común. La prudencia y la discreción son de los mayores activos intangibles que como agente puedes tener.

Muchos agentes noveles hacen público y pregonan a los cuatro vientos todo aquello que puedan tener entre manos. ¿Por qué lo hacen? Por una mezcla explosiva de ego más falta de confianza en uno mismo. La autoestima es el carcelero del ego. Ella sabe cuando hay que dejar salir al ego y cuando no. Sin autoestima el ego se encuentra a su libre albedrío. Además, como buen narcisista que es el ego, le gusta que le vean. Salir a flote. Y cuando lo hace utiliza la imprudencia y la indiscreción.

Cuando veo a algún agente que sin que nadie se lo pida, es decir, de *motu propio*, no hace más que hablar de sus virtudes y de sus capacidades, de grandes operaciones y de buenísimos contactos, no hago más que repetirme las palabras del historiador inglés Thomas Carlyle: *"Quién no pueda guardarse sus pensamientos dentro de sí, será incapaz de hacer grandes cosas".*

Y es que *"la discreción en las palabras vale más que la elocuencia"* (Francis Bacon). Y los grandes agentes como tú lo deberíais saber y ponerlo en práctica. Así que ten autoestima y ponla a funcionar. Activa tu particular "Pepito Grillo" interior para que de la voz de alarma cada vez que el ego quiera aflorar. La discreción y la prudencia son valores al alza. Propios de gente capaz, formada y con altura de miras. Practica la discreción. No lo lamentarás.

3. EL AGENTE Y LA FORMACIÓN DEL FUTBOLISTA

No hagas que tus clientes sean gente absolutamente dependiente. En mi caso particular, uno de mis intereses principales es hacerles ver a mis clientes que a pesar de disponer de mi ayuda y asesoramiento, no conviene que se desentiendan de sus cosas.

Conviene que no desatiendan todo lo referente a ellos y lo que les rodea. Incluyendo sus negocios. Eso no significa que tengan que estar en ello de primera mano. Significa que, a pesar de no realizar las cosas directamente, sí que deben estar al tanto del porqué de las cosas. Deben conocer su situación patrimonial en cada momento. Y para ello es recomendable que, en la medida de sus posibilidades, vayan aprendiendo y formándose en aquellas cuestiones que más directamente les afectan. Es muy bueno delegar, pero para delegar hay que saber las cosas lo suficientemente bien como para saber qué delegar y cómo hacerlo.

Tus clientes tienen que tener y forjarse un criterio. El presente y el futuro de tu cliente no pueden estar al arbitrio de lo que unos decidan en su lugar. Tienen que tener la posibilidad intelectual de poder opinar sobre lo que les compete. Si no fuese así, estarán a perpetuidad abocados a no tener el control. Nada dependerá de ellos. Simplemente porque no entienden nada de lo que no sea estrictamente su profesión. Y eso no es bueno.

La confianza que uno deposita en otra persona tiene que fundamentarse en el criterio propio. Si esto no es así, la confianza que se tenga en alguien estará determinada por lo que otros te han dicho que tienes que hacer. Esta situación es un caldo de cultivo fantástico para que aquellos que disponen de información y conocimiento, a la vez que no muy buenas intenciones, puedan hacer de su capa un sayo.

Cuídate, por tanto, de tu propio desconocimiento y del de tus clientes. Haz de ellos gente con inquietudes. Aunque sea exclusivamente en lo referente a sus intereses. No es una tarea fácil, pero no intentarlo caería dentro de lo podríamos llamar irresponsabilidad profesional. Una manera de abordar el tema sería captando su atención y mostrando los beneficios que supone estar al tanto de todo lo referente a lo suyo y del aprendizaje que ello requiere. De otra forma siempre podríamos aludir a la posibilidad de pérdida. Cuestión que, no te quepa duda, captará su interés. El interés es el segundo paso, tras la atención, que se requiere a la hora de ser persuasivo.

PARTE IV - CONCLUSIONES

Como te habrás podido dar cuenta a lo largo de este libro me he intentado desmarcar de lo que sería un libro sobre agentes de futbolistas al uso. No sé si lo he conseguido. Si has llegado hasta aquí te doy las gracias.

No he querido emborracharte con una sucesión de reglamentación y cuestiones objetivas. No lo buscaba porque para disponer de eso hay múltiples libros y documentación fácilmente accesible.

Con este libro quería pisar el barro. Mojarme. Darte mi versión particular de lo que sucede en el día a día de la profesión. Transmitirte cuáles son los elementos críticos, por importantes, a los que deberías prestar especial atención. He buscado contarte de qué va esta profesión más allá de las formalidades. Las formalidades son eso, formalidades. Yo he pretendido aportar mi granito de arena. Hacerte partícipe, desde mi experiencia, de lo que entiendo son las capacidades mínimas que debe tener cualquier persona que esté interesada en desarrollar esta profesión.

Cuestiones técnicas y regulaciones claro que las hay, pero no ha sido de mi interés tratarlas aquí. No aportan el menor valor añadido. Son las que son. Yo, en su lugar, he intentado aportar algo de valor. Mi experiencia personal. Espero habértelo aportado. Me doy por satisfecho si has podido recopilar alguna que otra cuestión que hayas podido considerar provechosa.

Twitter: @PaulFraga

www.futbolydineroresponsable.com

www.ingramcontent.com/pod-product-compliance
Lightning Source LLC
Chambersburg PA
CBHW051736170526

45167CB00002B/956